奇跡の「笑い力」

健康・成功・幸せに効く その理由

チャン・ギョンス、イ・ドンギュ著

小牧者出版

"The special report on laughter"

はじめに
なぜ笑いなのか？

このたび私たちは、韓国国内だけでなくアメリカ、日本など、世界の笑いに関する研究と事例を集めました。多くの事例から私たちが得た結論は、笑いは確実に人生の力となり、意味があるということです。

たとえば、私たちは常にテストの点数のことで悩みます。しかし、それが果たしてどれほど人生に影響を及ぼすかについては分かりません。このことについて、アメリカのハーバード大学医学部精神科のジョージ・ヴァイラント教授の研究は、大変興味深いものです。教授は、一九三八年から二百六十八名のハーバード大学卒業生を対象に、約七十五年間の追跡調査を行い、成績と成功とは無関係だという結果を報告しました。では、成功する人生の共通点とは何でしょうか。それは、逆境に打ち勝つことができるかどうかということでした。

さらに驚いたことは、この逆境に打ち勝つ力が「ユーモア」にあるということです。ユーモアのある卒業生が、人生にも成功することができたのです。笑いの力がここにあります。ヴァイラント教授は、逆境に打ち勝つ力、人生を生き抜く力は、笑いから出てくると固く信じていました。

笑いは力になります。しかし、力になるかならないかは、その力を使うかどうかにかかっているのです。私たちが出会った人たちは、その力を信じさせてくれました。私たちは、この本を読まれる皆さんに、その力をお知らせしたいと思います。

人生は苦難の連続です。しかしそれを、かえって自分に与えられたチャンスとしてとらえ、笑って打ち勝ちましょう。笑えば笑うほど、苦難は小さくなって通り過ぎていきます。

重要なのは「世界」ではなく、「世界を見る自分の目」です。

最後に一つだけお願いがあります。本書を通して、皆さんは不思議な笑いの効能を知り、驚かれることでしょう。しかし、これはあくまで医学的治療とともに、補佐的治療として笑いを選んだ結果であるということと、笑い療法士が、今現在まだ正式に認定された医療職ではないことをお伝えしておきます。

六カ月に渡る取材と制作を可能にしてくれたＳＢＳ放送局、長い間、苦楽を共にした制作チーム、そして、取材に協力してくださった皆様に、心から感謝いたします。

「何かにつけて深刻になるプロデューサー」チャン・ギョンス

「何かにつけて笑うプロデューサー」イ・ドンギュ

奇跡の「笑い力」……目次

Part 1 笑うと生き返る

笑いでやせた人々

一回大笑いすると、五分間エアロビクスをしたのと同じ効果がある。
一分間大笑いすると、十分間船のオールをこぐのと同じである。
笑いの運動効果に対するこれらのうわさは本当なのでしょうか？

笑いダイエットで十キロの減量に成功

ソ・ボクスンさんは、笑いを取り入れたダイエットによって、四カ月でおよそ十キロ減量しました。彼女の体験談を聞いたところ、驚くべきことが分かりました。笑いダイエットとは、単純に「笑う運動」だけを意味するのではなかったのです。

「私がそれまで試してきたダイエット方法は数十種類です。つぎ込んだお金も二百万円を超えます。補正下着、お腹の肉を落とす振動ベルト、高価な運動器具も買いました。しかしすべて失敗したのです」

笑いダイエットを始めた時、彼女は学習塾の塾長でした。二十年近く塾の経営に全力を傾け、体の管理をする暇もありませんでした。その結果、身長百六十センチメートルで七十四・六キロまで体重が増えてしまったのです。

問題は「不規則な食習慣」と「ストレス」にありました。塾の仕事を終えて家に帰るのは夜の十時を過ぎており、ひどくお腹が空いて何かを食べずにはいられませんでした。次の日は、お昼頃起きて朝食兼昼食を食べ、帰宅後また大量に夕食を食べるのでした。この過食の要因は「ストレス」でした。塾を経営するにあたり、学生やその親、他の講師たちから受けるストレスを発散するものが必要だったのです。

このような状態で、運動は「しなければならない別のストレス」となっていました。その上、少し運動をしただけでも体のあちこちが痛くなり「仕事も大変なのに運動なんて」と自分に言い訳をするのが常でした。

「ある日、腰と肩がとても痛み、病院に行くと、体重を落とした方がいいと言われたのです。肥満の状態ではますます健康を損なうということでした。その頃、母が下半身麻痺で体が不自由になりました。母の面倒を見るには、私自身が健康でなければならない。そのためにはやせなければと真剣に考えるようになったのです」

▼笑いも運動になると考えて始めた笑いダイエット

彼女はその頃、「笑い療法」の講義を受けていました。母親のような病の人のためにできることを探していくうちに、運営していた塾もやめて飛び込んだ新しい分野でした。

「笑い療法をされている方が、『ははは と大きく笑うだけでもやせる』と言われたのです。最初は信じられませんでしたが『講義料のもとを取ろう』という思いで始めてみました」

笑いが運動になるというので、一日に何度も、十秒以上大きな声を出して笑いました。講義で学んだ通り、笑いそのものを感じようとしました。また、内面の怒りとうっぷんを追い出そうと努力しました。

講義を一緒に受けている人たちと励まし合いながら、笑いの楽しさが身についてきました。毎日三つのことを欠かさず実践しました。

一、毎朝六時に起きて明るく笑う。「ははは」と発声練習をした後、軽快な音楽を流し、十分以上笑います。

二、自分自身に肯定的な催眠をかける。自分の内面に向かって、良い言葉をささやきながら、もっと自分を愛するように心がけました。

三、楽しく運動する。笑い始めてから、運動がとても楽しくなりました。

運動といっても、特別なことをするわけではありません。テレビを見ながらフラフープを回したり、ランニングマシンで軽く走ったりする程度です。笑いダイエットを始めた頃は一分ほどしか走れませんでしたが、だんだん時間が長くなり、三十~四十分は走れるようになりました。

「結局運動をしたからやせたのだろうと思われるかもしれません。しかし私はこのように説明したいと思います。笑うようになってから、私の心の中に肯定的な自我が育ち、その肯定的な自我が、自然に体を動かすようにさせたのです。何をしても楽しいので、運動もその楽しさの一環としてできるようになったわけです」

食事調節も同様です。よく笑うようになってから、心に余裕ができました。食べ物をよく味わって食べるようになり、自然と食べる速度がゆっくりになって、ある瞬間「もう十分食べた」という信号が出てくるようになったのです。

▼喜びながらダイエットに成功する

彼女はあえて、お金を払って肥満クリニックに通いました。自分の体がどれだけ変わっていくのか、またどのように維持されているかを数値で確認するためです。

クリニックを訪ね、直接グラフを確認してみると、笑いダイエットを始めた二〇〇五年四月十五日の体重は七十四・六キロ、四カ月後の八月十一日の体重は六十四キロでした。彼女の体重は、笑いダイエットを始めてから一度も増えていませんでした。

「やせようとする人たちのほとんどはストレスのために憂鬱な面持ちで通ってくるのですが、ソ・ボクスンさんはいつも笑顔でした。絶対にやせるという『意志』が強く表れていましたが、その意志は『ストレスを受けない生活態度』から出ているのではないかと思いました」

彼女を担当した運動アドバイザーの言葉です。彼女の事例を通して、私たちはダイエットの最強の敵はストレスであること、そのストレスをなくす薬は、笑いであることを知りました。

○ソ・ボクスンさんの「やせるコツ」

一、毎朝「ははは」と声を出して笑い、明るい音楽を流しながら思い切り笑う。
二、自分を愛する気持ちが出てくるよう、自分に肯定的な催眠をかける。
三、フラフープをしたり、ランニングマシンで軽く走ったりして楽しく運動する。
四、食べる時、余裕を持って味わいながら食べる。

アメリカで「笑いダイエットシンドローム」を巻き起こした主役

四人の子ども、七人の孫を持つ五十五歳のアメリカ人女性、ケイティ・ナムレボさんは、六カ月で十六キロの減量に成功し、自身のダイエット体験を綴った本『笑いダイエット（Laugh It Off!!）』で一躍有名になりました。

二〇〇五年秋、講演会で彼女に会いました。彼女は読者たちに、笑いダイエットについての講演をしているところでした。

「私は笑うことによって十六キロやせました。ただ『笑いさえすればいい』と考えてはいけません。過食に走る九つのモンスターを見つけ出し、追い出さなければならないのです」

彼女は、自分の過食の要因を「九つのモンスター」と呼びました。「大きなモンスターが、私たちの心の奥底に存在しています。そのうちの一つは『心配と不安』です。恐れがあると、神経が過敏になって緊張し、食べ物をどんどん口にしてしまうのです。別のモンスターは『後悔と執着』です。『もしこうであったら……』というモンスターもやはり、私たちの意識を食べることに向けさせます。

この他にも、否定的な考え、過度の期待、懐疑心、否定的な想像力、気後れ、寂しさ、変化に対する恐れなど、私は九つを見つけました。皆さんもそれ以上、またはそれ以下のモンスターを探し出し、全面対決することによって、やせることができます」

彼女は結婚後、四人の子どもを産みました。幼い頃から信仰心が深く、温和な性格であった彼女は、愛する夫とかわいい子どもたちを与えてくださった神様に感謝しながら、平凡に暮らしていました。ところが、末の子どもが発作と不安障害を持つようになったのです。

彼女は、息子の健康と幸せのために熱心に祈りました。しかし、息子の障害は簡単には治らず、彼女は次第に無気力になっていきました。そして、その苦痛を、食べ物で紛らわすようになったのです。

「ある時、自分を見てみたら、まるまると太っていたのです。病院を訪ね、脂肪吸引手術を依頼しましたが、一緒に行った夫が、それは良い方法ではないと止めたのです」

それまで彼女は、自分がなぜこれほど食べるようになってしまったかという原因を追及したことがありませんでした。しかしそのきっかけが、息子にあることが分かりました。不安障害を持つ息子がパニックに陥る状況と、自分が冷蔵庫に駆け寄る状況が同じだと気づいたのです。

▼おいしい食事とデザートをあきらめるな！

「ストレスを紛らわそうと冷蔵庫に駆け寄る代わりに、私にできることは『笑うこと』でした。子どもの不安障害克服プログラムからヒントを得たのです。最初は確信がありませんでした。ただ一つ明らかなことは、この方法は今まで試したダイエット方法とは全く違うということでした」

最初は三十秒笑うのも大変でした。その時、夫が奇抜なアイデアを出したのです。家族の笑い声を録音しようというものでした。

マイクを前に置いて、家族と友人が集まりました。夫が冗談を言って笑うと、子どもたちや知人、そして友人の笑い声があふれました。夫は、一人一人の前にマイクを差し出して笑い声を録音し、編集する際に自分の冗談の部分を除きました。

彼女は、無性に食べたくなると、この笑い声のCDを流しました。すると、考える暇もなくつられて笑い、食欲がすっと消え去るのでした。実に手軽な笑いの薬です。このように、一日に十回以上、三十秒から五分程度笑うことを繰り返しました。笑う時はできるだけ長く、一生懸命笑いました。笑い始めてから二カ月ほど経った時、彼女は今まで着ていた服がとても大きく感じました。クローゼットを開けて、他の服も着てみました。まるで他人の服のようにぶかぶかでした。

「特に苦労もせずやせたことにとても驚きました。それからは、笑いが与える効果について確信を持つようになったのです」

彼女は、多くの人がダイエットに失敗する理由について、一言でまとめています。

「みんな、ダイエットを『生涯』続けるものと思っていないのが問題です。一度自分が願う体重になれば、また好きなだけ食べようという欲求が潜んでいるため、いつも失敗するのです。『やせるためには、炭水化物は少なめに、脂肪は取らない』という決まりを生涯守らなければならないとしたら、果たして守れるでしょうか。ダイエットは、食べる楽しみをあきらめなくても続けることができるものでなければなりません」

おいしい食事、デザートをあきらめないでください！　アメリカで、ケイティ・ナムレボさんのダイエット方法が人気を呼んだ理由は、まさにそこにあるのです。

彼女の冷蔵庫には「簡単に料理できる材料」がたくさん入っています。材料を取り出してさっと作ったり、作ってあったものを温めて、すぐに食べられるようにするためです。食べ物に対する彼女の考えは簡単です。

「簡単に調理できて、カロリーが低く、おいしい料理でなければなりません。どんなに体に良くても、おいしくなければ続きません。また、忙しい時に調理するのが面倒だと、カロリーの高いインスタント食品に頼ってしまいます。自分に合う料理を見つけるバランス感覚が必要です」

では、運動はどのようにすべきでしょうか。彼女がする運動とは、ブランコに乗ったり散歩をしたりする程度です。たまに家で音楽に合わせて踊ったり、調子が出ると、器具を使って筋トレをしたりもします。彼女は言います。

「運動というよりは、ただ楽しんで行う『習慣』です。家族と一緒に心温まる時間を過ごしたり、子どものように天真爛漫になれば、自然と表情が明るくなって笑いが出てきます。機械を使って運動することがずっと効果的だと考える人ももちろんいるでしょう。しかし、私の経験上、そのような方法はかえって体に負担をかけます。ストレスを感じながら運動する必要はないのです。楽しんでする状態を持続させることが大切です」

笑いによって人生の態度を肯定的に変え、肯定的な態度が呼び起こす喜びの中で、適量を食べ、適度に動く方法。彼女の「笑いダイエット」の要点はまさにこれでした。

あらゆるダイエット方法を試して絶望に陥った皆さん。適量を食べて適度に運動する「新しい習慣」を試してみてください。この習慣を自分の体に定着させる無料の薬は「笑い」です。

○ケイティ・ナムレボさんの「やせるコツ」
一、無性に食べたくなったら、家族の笑い声が入ったＣＤを聞いた。
二、ストレスを感じる時、冷蔵庫に手を伸ばすより、内面のモンスターに笑いかけた。
三、調理が簡単で、カロリーが低くておいしい料理を食べた。
四、家族と心温まる時間を過ごしたり、子どものように天真爛漫に笑った。

笑いダイエットの原理を明らかにする

笑うとなぜやせるのでしょうか。

一、笑いそのものが運動になる

たくさん笑えばある程度は運動効果があります。これは、基礎代謝量と新陳代謝率で説明することができます。たくさん笑えば呼吸と発熱、筋肉運動によってエネルギーが消耗され、新陳代謝が活発になり、体脂肪を燃焼させるというのが肥満クリニックのキム・ハジン院長の説明です。

面白い番組を見て笑うたびにお腹に手を当ててみてください。お腹の中まで震えている振動が感じられるでしょう。よく笑うようにしましょう。黙って横になったまま、またはお菓子を食べながらテレビを見るよりずっとカロリーを消費するでしょう。

二、笑いで肯定的な態度と良い習慣を引き出そう！

第二に、肯定的な態度と良い生活習慣がダイエットには欠かせません。肯定的な態度はストレスを受けにくくし、良い生活習慣は過食を未然に防ぎます。肯定的な態度と良い習慣をもたらす仲立ちをするのが笑いです。ここで言う笑いとは、いやいや笑う笑いではありません。どんな困難にぶつかっても笑うことのできる余裕のある心と、長い時間訓練された楽天的な笑いを意味します。

普段笑わない人は、いつもイライラしていて、あらゆることに対して不安で悲観的な確率が高いようです。そうなると、過食に走ったり無気力になる確率が高くなります。相対的に、よく笑う人は肯定的な思考の確率が高く、よく笑うことで心に余裕が生まれ、食事や運動をする習慣を能動的にコントロールできるようになります。

笑いの運動効果は象徴的なものとして念頭に置き、これからすべきことは、笑顔と笑う練習をすることによって、自分自身を肯定的で健全な人生へと導くことです。

三、自ら笑える人になろう

最初は、誰かに笑わせてもらってもいいでしょう。しかし、いつもそれを期待してはいけません。笑いは自分で選択するものです。やせるためには「内面の変化」が必要不可欠なのです。

笑い日記を書いたり、面白い話題を探してみましょう。または、ケイティさんがしたように、家族の笑い声を録音して聞いてみるのはどうでしょう。自分から笑い始めるなら、笑いの道具も見つけることができるでしょう。

四、ダイエットは一生続けるものだ

「一カ月ダイエットをしてやせたら、その後は好きなだけ食べよう！」

やせるためにこのような計画を立てるのなら、いっそやらない方が良いでしょう。リバウンドを嘆くのではなく、なぜまた太ってしまうのかを考えなければなりません。食べる習慣と運動する習

慣が形成されなければ、ダイエットは常に失敗に終わるでしょう。

一言で言うと、ダイエットは「一生」続けるものです。私たちが息をし、毎日眠るように、一生共に歩む同伴者なのです。この同伴者を一時だけ歓迎し、すぐに忘れてしまうなら、副作用が出るのは当然です。規則的な生活習慣、カロリー調節、適度な運動が身に着けば、太ることなく健康も維持することができます。

一生続けるダイエットは、それが「習慣」とならなければなりません。その習慣を作る上で、笑いは大きな助けとなり、その後も笑いによってその習慣を継続することができるのです。その習慣を破壊する一番の要因はストレスです。

ダイエットを長く続けたいなら、ストレスを食べ物で発散させるのではなく、笑いで発散させましょう。これからもずっと、一生です。

五、自分だけのおいしい食事を楽しもう！

炭水化物抜きダイエットやフルーツダイエット、ヨーグルトダイエットなど、偏った食品でやせる方法は長続きしません。生涯それしか食べないというのは無理でしょう。

ケイティさんが提案したように「おいしい食事」を楽しみましょう。ただし、おいしくてカロリーの低い料理を見つけなければなりません。そのためには、自分の味覚と好みを調べ、自分だけの食事を開発しなければなりません。

ケイティさんは、長女の勧めでライスケーキを作って食べるようになりました。百カロリーのパンの代わりに三十五カロリーのライスケーキを食べるようにしたところ、味も良く、カロリーも低いので一石二鳥でした。わずかなカロリーの違いも、時間が経てば大きな違いとなることを覚えておきましょう。

チョコレートが好きならチョコレートを食べ、鳥の丸焼きが好きならそれを食べても構いません。ただ、必要以上に摂取しない自制心を育てなければなりません。自制心は、肯定的に自己を省みるところから来ます。自分の体を大切にし、心に余裕のある人は、決して自分を肥満に追いやりません。

六、あなたの体と心が思い切り笑えるようにしよう！

長い間笑うことを忘れて生活しているなら、これを機に点検してみましょう。笑いを忘れて生きてきた時間が長ければ長いほど、笑うことがぎこちなく感じることでしょう。そして、さらに笑いを遠ざけてしまうのです。

最初は無理にでも笑いましょう。時間が経つと少しずつ自然に笑えるようになり、最後は自信を持ち、生活にも余裕が持てるようになるでしょう。心の門を開きましょう。一度笑い始めれば、だんだんその門は広がっていき、少しの面白さでも簡単に笑えるようになってくるのです。

アトピーに笑いで打ち勝った子ども

アトピーの苦しみに笑いで打ち勝つ

亀の甲羅のようにひび割れている手の甲とお尻。ひどくかきむしって、かさぶたが乾く日のない顔。六歳のドンチャン君は、すでに一年以上アトピー性皮膚炎を患っていました。四歳になった頃から少しずつ皮膚が赤くなり、幼稚園を休まなければならないほど重症になってきました。

ドンチャン君の家には、ベッドやソファーのような家具はありません。ハウスダストやダニがアトピーを悪化させるからです。床はすべてフローリングで、家の隅には炭が置いてありました。冷蔵庫にはドンチャン君のための特別食がたくさん入っています。

「調味料は、煮干し、えび、昆布のような天然材料のみを砕いて使い、塩も常に炒ってから使うようにし、えごま油に含まれているオメガ3が良いというので直接えごまを絞って食べさせ、納豆の粉、はと麦、豆などを砕いて炒り、飲ませています」

綿棒や軟膏、保湿剤はいつも手の届く所にあり、スケジュール表には通院日などがぎっしり書きこまれています。

それでも症状は良くならず、ドンチャン君はわがままで乱暴な子になってしまい、怒っては母親に悪態をつくほどでした。父親は時々、そんなドンチャン君がまるで違う国から来た子どものように思えるのでした。

「私は会社に行けば少し解放されましたが、母親や娘が受けるストレスは言い表せないほどだったでしょう。私も、帰宅時間になるとため息が出たものです」

▼ドンチャン君には、笑い治療が適切

私たちはドンチャン君を小児精神科専門のオ・ウンヨン教授のもとに連れて行きました。オ・ウンヨン教授は、ドンチャン君に今必要なのは「情緒の治療」だと判断しました。ドンチャン君のようにアトピーがひどい子は、周りの人から傷を多く受けているので、常に心の奥に怒りと挫折感、憂うつ感を持っています。初対面の人に会っても「もしこの人が自分の皮膚を見て、顔を背けたらどうしよう。気持ち悪いと思われたらどうしよう」と考え、プライドが傷つき、否定的にとらえてしまうのです。当然情緒も安定しません。このような感情はストレスとなり、症状をさらに悪化させてしまいます。

ドンチャン君の症状を改善させるために、適切な皮膚科的治療を続けながら、情緒的治療を始めることにしました。その方法の一つが「笑い」でした。

「人間にとって、笑うという行為はとても重要なものです。健康な笑いは免疫体系をバランス良

くします。何より笑いは、人生において経験する挫折や困難を、笑いによって克服する力となります。ドンチャン君は、長い間思い切り笑ったことがないようでした。私たちは、そんなドンチャン君に、笑いと喜び、明るく愉快な感情を体験させてあげたいのです」

「笑い」を通してストレスを減らし、いらいらや怒りといった感情の代わりに楽しみという情緒を経験すれば、病や人生の困難にも肯定的に打ち勝つ力を育てることができるのです。

▼ドンチャン君、笑いで皮膚の健康を取り戻す

カラフルな粘土で遊ぶ二人の子どもと、隅でふてくされている一人の子ども。遊戯室に来ているイェジョン君（仮名）、ジェファン君（仮名）、ドンチャン君です。私たちは、三人のアトピーの子どもを対象に、「笑い」がどれほど治療の助けになるのかを見守ることにしました。

最初ドンチャン君は、見知らぬ子どもたちと慣れない場所が怖かったのか、遊戯室に入らないとだだをこねました。やっとのことで入室しましたが、遊びにも全く関心を示しません。

ところが、子どもたちが粘土を長く伸ばして丸を作ると、ドンチャン君も興味を示したようでした。その時から、あまりお尻をかかなくなりました。二人が遊ぶ姿を見るのに集中し、二人が笑うとつられて笑うようになりました。ドンチャン君が笑うのを見たスタッフは、今度は遊びに誘ってみました。

「ドンチャン君も笑ってるね。楽しそう。ドンチャン君も友だちに腕輪を作ってプレゼントする？」

やっと近づいてきて、二人の横に座りました。そして、粘土遊びに熱中し始めました。他の二人に比べて、ドンチャン君の両手は明らかにしわくちゃでした。傷だらけの手の甲を家族以外の人に見られたくなくて、あれほど嫌がったのかもしれません。

「子どもは、遊び道具一つあればすぐに仲良くなれます。その最初の一歩が『心を開くこと』です。互いに心を開いてはじめて、本当の関係を結ぶことができるのです。ドンチャン君の場合、今まで何度もうまくいかなかった記憶のせいで、本能的に友だち関係を拒否する傾向があります。そこで、自分から遊びに参加するまで待ったのですが、心が動いたようですね」

ドンチャン君は、それまで繰り返してきた感情の爆発を断ち切り、感情をコントロールする力を身につけなければなりませんでした。そうして、他人とのつき合い方を学ぶところまでが、ドンチャン君の笑い治療の目標でした。

▼いつも苦しそうだったドンチャン君が明るく笑い始めた

最初の遊びのレッスンが終わると、担当医師であるオ・ウンヨン教授は言いました。

「ドンチャン君。腕相撲してみるか？」

オ・ウンヨン教授がドンチャン君の手をぐっとつかんで、テーブルの上に乗せました。ドンチャン君が一瞬「えっ？」という表情をしました。誰かが自分の傷だらけの手を当たり前のように握るということに驚いたようでした。

「わあっ。力あるね！　ドンチャン君は何でこんなに腕の力があるんだ？」

雰囲気につられて腕相撲に夢中になったドンチャン君は、自分が勝つと明るく笑いました。取材を始めてから初めて見たドンチャン君の笑顔でした。目つきもずいぶん柔らかくなりました。

他人と一緒に遊ぶと、他人の考えと行動について考えられるようになり、心が楽しくなって余裕ができ、自分を表現することにおいても自信を持つようになります。これは、強制されてできるものではなく、純粋に経験から習得すべき性質のものです。

最初はよそよそしかった子どもたちも、三回目になると会うなりすぐに遊び始めました。布で落下傘を作ったり、シャボン玉を作っては壊したりしながら、自分の楽しい感情を表し始めたのです。遊びのレッスンが進むにつれ、ドンチャン君の行動だけでなく、皮膚にも変化が表れ始めました。しわだらけの手の甲と、一年中かさぶたができていた顔がかなりきれいになり、体中にあった傷が目立たなくなっていったのです。

遊びを通した笑い治療で、ドンチャン君のアトピーがどれほど改善したか、専門医療で検査を受けることにしました。その結果は実に驚くべきものでした。六週ごとにドンチャン君のアトピー性皮膚炎病状スコア（SCORAD）が九十七から二十五にぐっと下がったのです。ドンチャン君だけでなく、一緒に笑い治療を受けた他のアトピーの子どもたちも、半分以下に数値が下がりました。

「これを、薬の効果とだけ言うことはできません。心理的な要因や行動の変化、特にストレスが減って皮膚に良い影響を与えたようです。特にドンチャン君は、現在ほとんど正常な皮膚状態で、実にドラマチックな変化を見せたと思います」

今やドンチャン君は、現在の状態をうまく維持さえすれば良いと言っています。

▼子どもにとって笑いは、喜びと自信感の表現である

再びドンチャン君の家を訪ねると、ドンチャン君と姉、父親が「だるまさんが転んだ」をしていました。

父親が、窓際に立ってオニをしていました。ドンチャン君は、本当に楽しそうな表情で父親に向かって走っていき、背中にタッチして逃げました。面白くて仕方がないという感じでした。

「ドンチャンが笑い治療に通うようになってから、これまで子どもと一緒に笑う時間をあまり持てなかったことを反省しました。最近は、ドンチャンがかゆさで苦しむことがなくなったので、本当に生き返ったようです。顔とお尻の皮膚がすべすべしているのを見ると、正直不思議な感じです」

布団をはたくと大量に落ちていた皮膚の角質や、毎晩かゆいと叫んでいた泣き声も、今は家から消え去りました。炎症とかゆみを抑える抗ヒスタミン剤は変わらず飲んでいますが、ステロイド剤

は数日飲まなくても皮膚に異常はないということでした。

「ポン！」

突然母親が、おもちゃのハンマーでドンチャン君の頭を軽くたたきました。すると、ドンチャン君の口から「ははは！」という笑い声が出てきました。「自動笑いハンマー」だそうです。怒っている時やしかめっ面をしている時にたたかれても、無条件で笑わなければならないハンマーです。おもちゃのハンマーでドンチャン君も笑い、母親も笑い、父親と姉も笑います。家族みんなの笑い声が家の外まであふれていました。ドンチャン君のアトピーも、その笑い声に乗って遠くに飛んでいってしまったようです。

アトピーを克服したヨンジュ君

「お母さん。ぼくの腕をちょん切ってくれたらいいのに」

小学二年生のヨンジュ君（仮名）の言葉に、母親は胸が張り裂けそうでした。

二〇〇二年、ヨンジュ君はアトピーのために体中が熱くなっていました。腕や足をかきむしりすぎてかさぶたができ、とうとう体中から膿みが出るほどでした。

「偶然テレビで、山の中の療養所が紹介されているのを見ました。ピエロに扮した笑い療法士が患者を楽しませている姿を見て、わらをもつかむ思いで行こうと思いました」

母親は、ヨンジュ君を連れて療養所に入りました。療養所では、いろいろな笑いのプログラムを受けることができました。ヨンジュ君と母親は、午前中は日光を浴びながら森の中を散歩し、その散歩中でさえ、笑い療法士と一緒に笑いながら歩きました。

「笑い続けている時、ふと我に返ったのです。私がしっかりしないと、子どもが死ぬかもしれないと思いました。体と心を回復すべき患者は私だったのです」

その日から、母親の心に平安が訪れるようになりました。何より、アトピーという病を理解するようになりました。一日二日で治る病気ではなく、風邪のように日常生活の中で私たちと共存するもの、それがアトピーであると思ったのです。それならば、あたふたと焦って早く治さなければと気をもむことはないと分かったのでした。

母親は、一生懸命働いているヨンジュ君の父親のことも思いやるようになりました。立場を変えて考えることができるようになったのは、遅れて笑い治療に参加した父親も同様でした。

「家に笑いが必要だと思いました。いつもしかめっ面をしていた子どもが、療養所でよく笑っている姿を見て、とてもうれしくなりました。すぐに治る病気でもなく、もしかすると一生かかるかもしれないのだから、私も何かしなければと思いました」

療養所で十カ月過ごした後、家に帰ってきたヨンジュ君のために、父親は日常生活でヨンジュ君をたくさん笑わせる方法を探し始めました。その一つ目は、リビングにあるテレビをなくすことでした。

「テレビのある家は、ご飯を食べていても皆テレビだけを見ています。家族と会話をせずにテレビと会話をしているのです。家族が互いに目を合わせて一日の出来事を話せば、互いに対する関心が高くなり、親密感もずいぶん高くなると思います」

父親は、夕食後にヨンジュ君の宿題を見てあげたり、家の前の公園を一緒に散歩したりします。以前は想像もできないことでした。父親なら当たり前の肩車さえ、ヨンジュ君に一度もしてあげたことがなかったのです。忙しくて疲れているというのは言い訳でした。それでも子どもはちゃんと育つだろうと思っていたからです。

ヨンジュ君はいつの間にかずいぶん健康になりました。今は、学校生活も普通にしています。歩くことさえままならなかった数カ月前を思うと、かなりの進歩です。

▼笑えば笑うほど子どもの精神的免疫力は強くなる

「ヨンジュ君が笑い治療を受けてから変わったのは、自分を愛するようになったことです。アトピーで傷だらけの自分を見て感じる憂うつ感を克服できる力を身に着けたと言うべきでしょう」

両親は、子どもをずっと笑わせてあげることこそ、治療に必要な助けであると信じています。

「一度大声で笑ったからといって傷がなくなるわけではありませんが、笑えば笑うほど子どもの心が穏やかになっていくという事実が重要です。心が穏やかになれば、精神的免疫も強くなります」

「精神的免疫」とは自信感の別名です。自信感は希望を生み出し、病と闘い、打ち勝つ意志を育てます。ヨンジュ君は笑いを取り戻した後、自分をからかう子どもたちに対しても堂々と対処できるようになりました。一本のろうそくが暗い部屋を照らすように、笑いは家中を明るくしたのです。

「ヨンジュ。良いことだけ考えていると、何が起こるのかな?」

「分からない」

「ヨンジュのアトピーが良くなったじゃない。アトピーの細菌は、うれしい心が怖いんだって。ヨンジュが毎日笑って幸せになって、良いことばかり考えていれば、アトピーの細菌が怖がって逃げていくのよ」

「どこに?」

「遠く、とおーくに」

ヨンジュ君の家族は今日もこのように楽しい会話で一日を終えようとしていました。

アトピーの笑い治療の原理

一、楽しく遊べばアトピーが消える

笑いがアトピーに良い影響を与えるという研究結果があります。木俣肇博士は、笑いがアトピーの症状を改善させることを最初に証明した皮膚科医です。彼の研究結果は、二〇〇五年のワシントンポスト誌に掲載され、世界を驚かせました。彼が行った実験は次のようなものです。

二十四名のアトピー患者の皮膚にダニの液を塗り、わざと炎症を起こした後、すぐに映像を見せました。「ミスター・ビーン」というコメディーを見た二十四名は、笑った後に炎症が治まったり、消えたりしました。同じ患者に天気予報を見せた時は、アトピーと関連した症状や数値に全く変動がありませんでした。

「笑いは、人間が昔から持っている自然回復薬だと考えます。どんな病気にも効果があると確信します」

十分に遊び、笑って育った子どもは、情緒が安定し、多少のストレスやショックな出来事にも対処することができます。友だちの軽い冗談やからかわれる経験も自然と忘れてしまいます。一言でいうと、心に「余裕」が生まれるのです。

十分に遊ぶことによる適当な新陳代謝と情緒の安定、アトピーを治す時に必要なキーワードは、この二つです。私たちの子どもも、思い切り笑うことができるよう遊ばせてあげましょう。

二、子どもの病を治したければ、両親がまず笑うこと

「かいたらダメ！」

「食べたらダメ！」

「ダメって言ってるでしょ！」

アトピーの子どもを持つ母親が一番よく使う三つの言葉です。常に炎症とかさぶたが絶えない子どものため、二十四時間待機しなければならない母親はいつもピリピリしています。自然と否定的な言葉を多く使うようになってしまうのです。

アトピーの治療過程で受けるストレスは相当なものです。子どものストレスを絶えず受け止めていると、母親も忍耐の限界に達してしまいます。そうなると、母親の声がだんだん大きくなり、子どももさらに母親にストレスをぶつけるという悪循環に陥ってしまいます。

「笑いなさい。笑うの！　笑えば病気が治るんだって！」

このように強要したところで、子どもは笑うでしょうか。

決してそのようなことはないでしょう。

子どもは、無理に笑う能力はまだ持ち合わせていません。ですから、笑いなさいという「命令」ではなく、笑うことのできる「環境」を作ってあげるべきです。両親が、笑いの演出家となるのです。笑いの演出家になるためには、自分が楽しむ方法を知っていなければなりません。

ここで、「笑う」という言葉は「心の余裕」を意味します。アトピーを、のんびりした目線で眺

める心の余裕です。アトピーは生涯末永く付き合っていく病気です。「なぜ他の子は健康なのに、うちの子だけこうなの？」「なぜ早く良くならないの？」と焦った気持ちでいると、心に不満がたまっていきます。母親の視線にイライラが見られると、自分を愛おしい眼差しで見てくれないことに対して、子どもも悲観的になり、症状を悪化させることになります。

よく父親は、子どもの病気を妻の責任にします。しかし、この非難は子どもの病気を治すのに何の役にも立ちません。子どもの看病で疲れている妻には「慰め」が必要なのです。子どもがアトピーになったのは、妻のせいでも子どものせいでもありません。父親も進んで肯定的な心を表現するべきです。子どもと一緒に遊ぶ時間を作り、妻には温かい慰めの言葉をかけることです。

すべては、態度の変化にかかっています。アトピーのせいで家族みんなが笑いをなくして不幸になるか、それとも、アトピーとうまくつき合いながらもう少し幸せな生活を送るかは、全面的に両親の態度の変化にかかっています。

事実、子どもは何でも楽しみます。歩いているアリを見ても、風に揺れる花を見ても、興味を持って笑うのです。ところが、大人がこのような笑いを遮ります。「うるさい」「静かにしなさい」。このような言葉で、子どもの笑いを平気で断ち切ってしまうのです。

人生の中で笑いを見つけようとするなら、子どもになればよいのです。他人を意識せず、体面を気にせず、ただ気楽に笑ってみましょう。少なくとも、子どもが大きくなってから「お母さんにもっと笑いかけてもらいたかった」と言われないようにしましょう。

三、皮膚と同じく、子どもの心理状態も重要である

アトピーの子どもはかゆみのために夜もぐっすり眠ることができません。忍耐が限界に達し、他人と会うことも嫌になっていきます。かゆくて痛いので、自分のことが先になり、他人の意志を尊重できずにわがままに振る舞うようになります。

アトピーは皮膚だけの問題ではありません。友だちから仲間外れにされて心の傷を受け、社会的なつながりを持てずに、一人で孤立していく子ども。彼らが抱える問題は、果たして皮膚の治療だけで解決するのでしょうか。

ドンチャン君の場合、最初に遊びの教室に連れて行った時、しばらくの間、かんしゃくを起こして泣いていました。新しい人との出会い自体を拒んでいたのです。他人から受けてきた疎外感がそれほど大きいということです。その厚い壁を破ったのが、オ・ウンヨン教授の腕相撲でした。自分の傷だらけの手を当たり前のように握った温かな手。そうして初めてドンチャン君は「笑った」のです。

慢性的なアトピー疾病を持っている子どもは、やりたくないことや気に入らないことがあると、自分が病気だということを武器にわがままを言う傾向があります。わざとそうするのではありませんが、そのようなパターンが作られてしまうことが問題です。何かをやりたくないと、習慣として体をかき始め、怒り出すと体に熱がこもって余計にかゆくなります。親はかくことをやめさせるために子どもの要求を受け入れ、そうすると子どもはだんだんわがままになっていきます。

そこで選んだ方法は、みんなで遊ぶことを通しての笑い治療でした。同じ年頃の友だちと遊べば自然と気分が良くなります。子どもは「幸せであるという感情」を味わいながら自信感を身につけていきます。自分の皮膚の状態がどんなに悪くても、世の中を楽しく生きていく価値のある存在だということを悟るのです。

考えてみると、病を治療する時は、患者の「生活の質」を高めてあげることが一番重要です。どんな病気を患っていても、痛みは痛みとして、人生は人生として豊かに過ごすべきです。良い友だちとつき合い、美しい風景を鑑賞するなど、誰でも幸せな人生を送る権利があるからです。反対に、幸せを感じつつ人生を送っている人は、どんな病にかかっても克服することができるのです。

アトピーは、症状が悪化すると子どもに挫折感を与えてしまいます。薬を塗って症状を和らげると同時に、心を落ち着かせてあげることが大切です。子どもが「自分はいい子だ」「今日一日も幸せだったなあ」と温かい感情を持てるよう助けてあげましょう。

四、アトピーとストレス。切っても切れない関係

アトピー患者はとりわけストレスにさらされることが多いです。かゆみとじくじくした皮膚のほてった炎症が何年も続くことを想像してみてください。誰が、心理的ストレスを受けずにいられるでしょうか。けれども、人は生きていれば誰でも、ストレスを受けずにはいられないものです。結局、ストレスをどのように解消するかが鍵なのです。子どものストレスを解消してあげる良い方法

はないものでしょうか。

「それはとても簡単です。子どもを笑わせてあげればよいのです。少なくても、子どもと一緒に遊んだり、楽しい会話をしてあげることはできます」

かさぶたができ、じくじくした皮膚の炎症を、笑いで解決することはできません。しかし、そのような症状自体を受け入れ、楽しく生きようと努力するなら、ずっと楽にアトピーに打ち勝つことができるのです。患者と家族が一緒に笑えば、可能なことです。

五、ただ（無料）の遊び道具が身の回りにたくさんある

多くの親が子どもと「遊んであげる」ことに相当な負担を感じています。おそらく「遊んであげる」ことを、立派な公園や、有名なレストランに行くようなことと考えているからでしょう。そう考えているなら、子どもと一緒にいる時間は、一種の「義務」のように感じることでしょう。

もっと単純に考えてください。家で手軽に子どもと遊ぶ方法を探してみるのです。お金を使わなくても、簡単に遊べる方法が周りにたくさんあります。

風船をふくらませて、部屋の中で風船をたたく遊びをしてみましょう。お店で売っている安い風船一つで一時間以上遊ぶことができます。風船を下に落とした方が負けというルールを決めたら、子どもは、風船を落とすまいと全力を注ぎます。遊びは単純なほど良いのです。クリームを両手にたっぷり塗って、互いに両手を握っての手押し相撲、新聞紙でかぶとを作る、タオルで目隠しをし

ての鬼ごっこなど、家の中でできる遊びはいくらでもあります。

子どもの体に保湿剤を塗る時、くすぐっても面白いでしょう。保湿剤を薬のように思っている子どもに「これは本当に楽しいこと」だと思わせるのです。

初めは、親が子どもの笑いを誘導しますが、ある時からは、子どもが自ら遊び道具を探し出します。子どもがこのように変わっていくには、両親の役割が重要です。子どもが訳のわからない遊びを言い出しても、決して否定せずに尊重してあげてください。子どもが「考える」ようにしてあげることです。ばかばかしく思えるアイデアでも、認めてあげれば、子どもの考えがだんだん創意的なものへと発展していきます。

創意的に遊べるようになれば、友だちが増えていきます。なぜなら、その子が「楽しく」なるからです。友だちが増えれば、一日が、そして一年があっという間に過ぎていきます。

何と言っても子どもを幸せにする一番良い方法は、両親がいつも肯定的な会話をしてあげることです。ささいなことでもほめてあげ、励ましてあげれば子どもは自信を持つようになります。子どもが勉強机に座っていたら、たとえ他のことをしていたとしてもほめてあげると良いでしょう。

子どもが何をしていても、信じて任せていれば、子どももいつかそれに答えてくれるでしょう。この世で、薬でしか治せない病気はありません。体と心を同時に治めなければならないからです。「青い鳥」のたとえのように、すべての問題の解決は、私たちのすぐそばにあることを覚えましょう。

六、笑いも無理強いすればストレスになる

「顔を動かしてごらん。早く笑って。笑いなさいって！」

どんなに笑いがアトピー治療のために良いからといっても、無理強いするなら、それもやはりストレスになります。笑いはもちろん、食べ物や薬、着る物など、アトピーに良いというものでもすべて「適度」と「自然に」を超えてはいけません。

七、アトピーを大目に見てあげる

このように考えてはどうでしょうか。

「アトピー。ありがとう。あなたのおかげで私たちの子どもがインスタント食品も食べず、体のことも気を遣わなければならないから良いことだわ。いつも健康を考えて生活できるよう助けてくれてありがとう」

アトピーに感謝する心を持つのです。「とんでもない」という人もいるでしょう。かつてベストセラーになったベルナール・ウェルベルの小説『蟻』の主人公の蟻が伝えた、がん治療法を覚えているでしょうか。がん細胞と対話しなさいというものです。がん細胞も結局は自分の体から生まれたものなので、よくなだめ、愛し、意志疎通をしなければならないというのです。がん細胞ももともとは正常な細胞で、体の一部であったからです。

アトピーを、絶滅させるべき敵としてだけ見るのではなく、食べ物や住む環境を良い方向へ改善

させてくれるありがたい存在と考えてみましょう。昨日より少し良くなった今日に感謝し喜ぶなら、子どもがアトピーと共存する時間をずっと楽に過ごせることでしょう。

八、皮膚科治療を必ず平行すること

笑いも遊びも良いものです。両親が見つけた民間療法もどれも良いものです。しかし、一つ忘れてならないのは、長期的な検査と病院治療を必ず平行しなければならないということです。心理的な部分や、民間療法にひどく執着すると、病気が長引いてしまうこともあるからです。

何でも「適度」が良いのです。病院にだけ頼り切っても、自分の方法だけに頼ってもいけません。両者のバランスを保つことです。

「自分の病気は自分がよく分かっている！」

このように頑固になって、受けなければならない治療を受けずに、症状が悪化するという愚かなことをしないようにしましょう。

SMILE THERAPY

人間にとって、
笑うという行為はとても重要です。
健康な笑いは、
身体の免疫体系をバランス良く保つからです。
何より笑いは、良い「防衛機制」として用いることができます。
人が生きる上で体験する挫折と困難も、
笑いによって打ち勝つことができるのです。

オ・ウンヨン小児精神科専門医（アトピー性皮膚炎を患うドンチャン君の笑い治療を担当）

笑いでがんに打ち勝った人々

がんに打ち勝ち、笑いの伝道師になる

プチョン市サンドンで出会った美容室の院長、ハン・ボクスンさん。娘と一緒に家を出た彼女は、道を歩きながら笑う練習をしていました。その笑い声は、近所の公園まで続きました。彼女は、毎朝公園で近所のお年寄りを相手に「笑い体操」を教える有名人です。

彼女ががんと診断されたのは、一九九三年の春のことです。

「朝のテレビ番組で、がんの診断法を見ました。胸を触ってみて、しこりがあれば、それががんの可能性が高いということでした。もしかしたらと触ってみると、脇の辺りに小豆くらいのしこりがあったのです。『がんだ!』と思い、その場で大泣きしました」

病院に行き、診断を受けた結果、乳がんの三期後半でした。三十九歳でした。抗がん治療でがんを小さくした後、手術することになりました。三回の抗がん治療はうまくいき、手術も成功しました。

彼女は手術後、健康管理に気を遣うようになりました。周りから勧められる食事療法で食生活を少しずつ変え、体質を変えるために肉はいっさい口にしなくなりました。五年間熱心に体調管理をした結果、がんにかかる前よりもずっと健康になりました。

しかし、彼女はすぐにわなにはまってしまいました。その気になればいつでも健康になれるという「自信」のわなです。健康になったので肉を食べたいという欲求が出てきたのです。

「最初は肉汁だけ飲み、肉を吐き出していました。少し経つと、サンチュ何枚かで肉を少しだけ包んで食べてみました。次第に肉を食べる回数が増え、自然に元の生活に戻ってしまいました」

肉を食べ始めてから三年目、つまり手術後八年目にがんの転移が見つかりました。今度は肺でした。不思議なことに何のショックもありませんでした。手術を受けてまた体調管理をすれば、十分治るという自信があったのです。

▼繰り返されるがんの再発と治療で満身創痍に

六カ月の治療の末にがんがなくなりました。今度は、夫が大きな助けとなってくれました。夫が手に入れてきた朝鮮人参を食べて力をつけました。思っていたより早く治療でき、夫と娘以外は再発に気づかなかったほどでした。

治療期間中、病院では肉を食べ続けるようにと言われました。抗がん剤はがん細胞だけでなく普通の細胞も殺すので、しっかり食べなければならないということでした。彼女は肉もしっかり食べ、美容室の経営、大学の講義の準備にと忙しい毎日を過ごしました。夜遅く帰宅し、一晩中パソコンの前にいる日もよくありました。体がだんだん疲れてきていると感じました。

結局、その二年後に再びがんが転移していることが分かりました。肺はもちろん、胸腺までがん細胞に侵されていました。

「三度目に発病した時は、天が崩れ落ちてくるように感じました。今度こそ、本当に死ぬんだなと思いました」

再び始めた抗がん剤治療。抗がん剤の注射を打つ苦しみも我慢しました。二度も打ち勝ったがんの前に、ひざまずいてあきらめてしまいたくはなかったからです。

しかし、何かが違いました。一カ月に一回抗がん剤の注射を打ち、医者に言われた通り毎日肉を少しずつ食べていましたが、がんは小さくなりませんでした。体中が異常なまでにむくんできました。医者は薬を変えてみようと言いました。がん細胞が今までの薬に耐性ができて、効果がなくなったのだろうということでした。幸いなことに、新しい薬にするとリンパ腺周囲にあった六つのがんが一・六センチから〇・六センチに小さくなりました。

しかし、新しい抗がん剤治療は、がんだけを打ったのではありませんでした。髪の毛とまつげ、手の爪と足の爪まですべてが抜け落ちてしまいました。手の指の皮膚の薄い皮がむけて赤く腫れ上がり、足の裏まで腫れて、歩くどころか動くこともできなくなりました。

周囲にはがんにかかっていることを隠していましたが、うつ病に加え、過食症になってしまいました。食べても食べてもストレスは解消されず、抗がん剤を投与した日は体中がひどく痛みました。ある日、とうとう彼女は家で倒れてしまったのです。

▼山で出会った不思議な人たち

「気晴らしに旅行にでも行こうか」

ご主人は、動くこともできない彼女を旅行に誘いました。着いてみると、山の中の療養所でした。そこの風景はとても不思議なものでした。髪の毛が抜けて顔色のどす黒い人たち。変な帽子やかつらをかぶった人たちが笑っていました。彼女は恐れでいっぱいになりました。

次の日の朝、夫に背負われて食堂へ行くと、出された食事は味のない物ばかりでした。調味料を全く使っていないおかずは、野菜のみで作られていました。無理をして食べると、次は「笑い治療室」に集まるようにと言われました。

鼻に赤いボールを付けたピエロの扮装をした男性が、大声で叫びました。

「さあ、みなさん。後について言ってください。はへひほふ！」

「はへひほふ！」

「ははは、へへへ、ひひひ、ほほほ、ふふふ～」

「ははは、へへへ、ひひひ、ほほほ、ふふふ～」

治療室に集まった人は皆、号令の後について言いました。「笑いの号令」のようなものです。そして、続く療法士の話に、患者たちがお腹を抱えて笑いこけました。

ボクスンさんは、そこで初めて周りの人たちのことが見え始めました。皆「笑顔」でした。髪の毛がすべて抜け、皮と骨がくっついているような重症患者まで、皆が笑っていたのです。

「ボクスンさんも笑って！　笑うと痛くないの」

ぎこちない表情で座っている彼女に、先輩たちのアドバイスが飛び交いました。笑いの先輩たちは、一人二人と前に出てきて、自分の失敗談や面白い話を披露しました。ぎこちない笑顔を浮かべるボクスンさん。しかし、面白いビデオを見る頃には、知らないうちに笑い始めていました。

一度出始めた笑いはなかなか止まりませんでした。それまでたまっていた精神的ストレスと、我慢できないほどの苦痛の恨みを晴らすかのように、大爆笑しました。腹の底からひとしきり笑った後、目尻に涙が浮かんでいました。

まるで、目に見えない鎮痛剤を打ったように、何の痛みも感じなくなっていました。病室に戻っても、何時間も気分の良い状態は続きました。

「笑いの衝撃」

彼女は、その時の感覚をこのように表現しています。

▼笑いが蒔く希望の種が、体内の細胞を目覚めさせる

そこは、末期がんの患者や、重症患者が最後の希望を持って訪ねてくる所でした。そこにいる人たちは楽しく笑っていました。そこでは、過去に何をしていたか、どれほどお金を稼いでいたかは重要ではありませんでした。

「ある瞬間、体が軽くなったのです。考え方まで軽くなったのか、何か肯定的で良いことをしたくなりました。それまでは、どん底に落ちているように無気力で誰にも会いたくなく、横になって寝てばかりいたかったのです。誰かが私に視線を向けることさえ本当に嫌でした」

ところが、笑い治療を受け始めて一週間ほど経った頃から、しきりに人に会って話をしたくなったのです。体が軽くなり、何とも説明しがたい喜びが心の底からわき上がってきました。

療養所で過ごす間、抗がん剤治療を受けるために再び病院へ行きました。それまではひどい顔色で何とかエレベーターに乗っていたのですが、突然階段を駆け上りたくなったのです。

「体を急に動かしたくなったのです。階段を上りながら考えました『ああ。笑いが私を救ったのだ！』と。笑いを通して心が明るくなり、細胞一つ一つが生き返ったようでした」

笑いの効果について確信が与えられたボクスンさんは、毎朝、笑い治療に熱心に参加しました。しばらく笑った後は、体の内側からエネルギーがあふれ出るような感じがしました。計り知れない希望の種が、腹の中をくすぐっているような感じでした。

笑いは、運動効果もあるようでした。笑うと、運動をしたかのように気持ちの良い汗をかきました。笑いがホルモンバランスまで整えるのか、更年期の症状もあまり出なくなってきたのです。彼女は、感情に沿って体が反応することを感じました。自分が笑えば笑うほど、体内の細胞と臓器が良くなっていくようでした。

「心が健康になれば、健康な細胞が活発になり、心が廃れると悪い細胞が領域を広げる。健康な細胞が確立すると、悪い細胞は居場所をなくす。たくさん笑えば、健康な細胞がたくさん作られる」

そのように想像すると、幸せな気分になるのでした。

▼笑いが笑いを生み、その笑いがまた別の笑いを生む

彼女は、入院している療養所で「笑いの奉仕」をすることにしました。自分から笑いを生みだせば、もっとたくさん笑い、幸せになれると思ったからです。毎日おかしな格好をして、あちこちの部屋を訪ねて人々を笑わせました。歯に海苔と唐辛子の粉をつけて歌を歌ったり、踊ったりしました。反応は大うけでした。どんな「重病」患者でも、彼女のおかしなショーを見ると、爆笑しました。自分を見て笑う人たちを見て、彼女もまた笑うのでした。笑いが笑いを生み、その笑いがまた別の笑いを生むという状況です。

笑いを知るようになって四カ月経ったある日、彼女は不思議な経験をしました。ある瞬間、体が鳥の羽のように軽く感じ、頭の中にかかっていた霧が晴れたように感じました。ぼうっとしたまま病室を出て、山道を歩きました。息が荒くなり、汗が流れてきましたが、心はさわやかでした。生い茂った森の坂道を上り、小さな丘の上に着きました。

「心臓破りの坂」

どんな重症患者でも、この坂さえ上ることができたら、健康が回復した証しとして名づけられた

名前です。何回にも渡る治療で満身創痍になった彼女が、この心臓破りの坂を軽く超えたのでした。

「その次は、突然旅行に行きたくなりました。それで、夫と山や海に遊びに行きました。それまでは前だけを見て進んできましたが、それからは横を見、後ろも振り返る余裕が生まれたのです」

心臓破りの坂を上った数日後、彼女は家に戻りました。がんに侵されていた体をどのように管理していくべきか、長期的な計画が頭の中に描かれました。自分を変えたいと思いました。というより、もう変えられた自分の姿が頭の中に描かれていて、だんだん行動と表情が変わっていったという表現が正しいでしょう。

二年の間に、うつ病と過食症は次第に治っていきました。それ以上抗がん剤治療も受けませんでした。その変化の中心には「食事療法」と「笑い」がありました。

「抗がん剤治療の後に食事療法と笑い療法を行わなければ、おそらく後遺症に打ち勝つことはできなかったでしょう。抗がん剤がとても強くて、正常な細胞と臓器までも攻撃するのです。私は、がん細胞によって生まれる毒素を、野菜中心の食事と笑いによって排出してきたと思います」

二〇〇五年の十二月、彼女は再び病院を訪ねてがん検査をしました。まだ、がんが体に残っているのか、あるいは完治したのかとても気になりました。

「二年前に撮った写真と比較してみると、小さくなったがんが傷跡のように残っています。時間が経っても大きくなっていないので、これらはがんではなく、死んだがん細胞の跡と考えていいでしょう。がんは実力のある診療チームと良い薬、そして何より患者の意志が重要です。そういう意味では、ハン・ボクスンさんは、三つがすべてそろい、治療がうまくいったケースです」

担当医師の言葉はとても肯定的でした。肝臓も正常で、がん数値も正常でした。医師は「完治」という表現を使わず、ただ「良くなった」とだけ言いました。がんとは、生涯成り行きを見守らなければならない病気だからです。

彼女は、自分のがんがなくなった秘訣は笑いだと確信しています。抗がん剤治療と手術も大きな役割を果たしましたが、その二つはただ、急に燃え上がった火を消す手段にすぎません。結局がんも普段の生活によって予防することができ、手術の経過も良くもなるというのが彼女の持論です。

今も彼女は、元気がなくなるたびに山中の療養所で過ごした時間を思い出します。南向きで日当たりが良かった病室から心臓破りの坂を眺めると、世界がとても美しく見えました。その豊かな幸福感を分かち合うため、彼女は最近、患者やお年寄り、困難を抱えているご近所のためのいろいろな奉仕活動を計画しています。

「笑える人は健康です。どんなに重病人でも、希望に満ちた表情でケラケラと大声で笑うことができたら、もうすでに健康になってきている証拠です。笑えば健康になり、幸せになります」

病の予防と治療、それがお金のかからない笑いというなら、だめでもともと思って一度試してみてはいかがでしょうか？

インターネット乳がん患者の集まり

「一度大声で笑えば、一日長く生きられますよ。無理に笑うだけでも効果があります。NK細胞は、がんを攻撃して食い尽くす細胞です。この細胞の活動は、私たちが笑う時、活発になります。ではみんなで楽しく笑ってみましょうか？」

インターネット乳がんカフェを通じて集まったという数十名の女性が笑いの講義を聞いていました。果たして、一時間の笑いの講義は、彼女たちにどのような変化をもたらしたのでしょう。

「気持ちが軽くなったような気がします」

「運動してシャワーを浴びたようにさわやかです。さっき食べたご飯が、もう消化されたような感じです」

この講義を初めて聞いたという会員たちは皆、上気した表情でした。それまで、笑うことがあまりなかったので、久しぶりに思い切り笑ったということでした。

ユ・ハジョンさん（仮名、三十二歳）は、二年前に乳がんで片方の胸を失いました。がんの治療以上に彼女を苦しめたのは、整形手術をしても元の形に戻らなかった胸でした。彼女は、十時間にも及ぶ整形手術を受けましたが、目覚めてみると両方の胸の形が違っていました。医療チームは胸の「復元」に意味を置くようで、「形」にはそれほど気を遣ってはいなかったのです。ショックでした。

「抗がん剤治療で髪の毛は抜け、胸の形もおかしくなってしまったので、道で誰かとすれ違うと、自分の胸を見られているような気がして嫌でした。ないよりはましと思っても、満足することはできませんでした。憂うつになるとストレスがたまり、そうなると、がんが再発するような気がして不安になりました」

今回の笑いの講義には、ユ・ハジョンさんのように乳がんにかかったことがあったり、現在治療中の人が集まっていました。ストレスを吹き飛ばすには笑うことが良いと分かっていても、そう簡単にはいかない人たち。がんを誘発する重要な要因の一つはストレスです。

二年前に乳がんの手術を受けたソン・ジンギョンさん（仮名、三十二歳）は、ユーモアで健康な人生を維持しています。手術のために坊主刈りにした頭を人に一度見せるたびに千円ずつもらい、十万円を集めたほどです。

「『私は慰めが必要な人だから、ご飯をごちそうするなり、お金をくれるなりしてくれる？』と言いながら、自分が患者だということを公開して回りました。だから、人とのつき合いもずっと楽で、憂うつにもならずに健康でいられるのかもしれません」

一度がんにかかった人は、朝目を覚ますと「またどこか悪いのではないか」と心配になります。せきが出ると肺がんではないかと思い、お腹が痛いと胃がんではないかと思い、常に心配がつきまといます。しかし、集まりを通して、他の人も同じように心配なのだと知ってからは、がんに対する恐れがずいぶん減ったと言います。恐れをなくし、楽しさを倍にするために、一緒に笑う機会が増えればいいではないかというのが、今日集まってきた会員の願いでした。

がんの笑い療法の原理

一、免疫システムを知ろう

笑い治療を通してがんを克服したハン・ボクスンさんの健康の秘訣は「情緒安定がもたらす免疫体系のバランス」でした。情緒の安定によって、免疫体系のバランスを保つ神経伝達物質や各種ホルモンがうまく分泌され、免疫体系のバランスがうまく保たれたおかげで、細菌やウィルスの働きが弱まるのです。

ここで言う情緒の安定とは、喜び、楽しみ、平安などの肯定的な感情のことを意味します。このように、肯定的な感情を持続的に持つためには、普段からのストレス管理が重要です。ストレス管理は、免疫体系のバランスと直結しています。ハン・ボクスンさんは「笑い」でストレス管理をし、ついにがんに打ち勝ったのです。

ストレスは、私たちの体にどのような影響を及ぼすでしょうか。ストレスを受けると、副腎皮質ホルモンのバランスが崩れ、副交感神経の機能が落ちて交感神経が優越になります。免疫は、副交感神経が優越になっている時に正常な機能を発揮するので、免疫機能が落ちてしまうのです。

四十度のお湯に浸かったり、半身浴をしたりすると体に良いと言いますが、その理由は、三十八度から四十度の間の温度で、リンパ球が一番活性化されるからです。リンパ球が活性化されると、副交感神経が優越になり、免疫力がついてきます。

では笑いは私たちの体にどのような影響を与えるのでしょう。

脳の中でも、笑いと関連する重要な所は大脳辺縁系《へんえんけい》です。大脳辺縁系は、感情オペレーターのような役割をします。笑いを通して愉快な体験をすると、大脳辺縁系から視床下部、脳下垂体へ送られ、脳下垂体からはＡＣＴＨ（副腎皮質刺激ホルモン）を分泌します。このＡＣＴＨはコルチゾールというストレスホルモンの分泌量を調節します。

笑いとは対照的に、ストレスはＡＣＴＨの分泌を増加させ、特に副腎に流れ込んでコルチゾールを多量に分泌します。コルチゾールが増えると、交感神経が優越になって心拍数と血圧が高くなり、体全体がストレス状態となって、免疫細胞の活動が抑圧されるのです。

コルチゾールの分泌を、体が置かれている状況に合った適当な水準に保とうとするなら、ストレスを受けないこと、ストレスをうまく解消することが重要です。

私たちがよく笑う時、免疫体系があまり抑圧されない理由は、平安で楽しい状態がコルチゾールの過剰な分泌を抑えてくれるからです。不思議なことに、笑う状況を予想して期待するだけでもコルチゾールの分泌が抑えられるということです。

笑う状況を期待すると、うつ的な感情や心配が減ります。これを「期待効果」と呼びますが、このもう一つの効果は、ストレスホルモンの数値を低くするというものです。「希望」という概念が、人の心理・生物学的変化にも影響を及ぼすということです。

二、笑いは免疫細胞の活動を活性化させる

何より笑いが重要なのは、笑う時に免疫細胞であるT細胞の活動が増えるからです。T細胞は、感染した細胞を殺す免疫細胞です。それだけでなく、細胞間のメッセンジャーの役割をするサイトカインを作ります。私たちの体が健康な状態を維持するためには、細胞間の情報伝達が重要になるので、T細胞の役割もとても重要です。

人の健康は、免疫細胞や抗体が多すぎても少なすぎてもいけません。免疫細胞や抗体が多い状態で健康が維持できるなら、多く作られなければならないし、免疫細胞や抗体が少ない状態で健康が維持できるなら、少なく作られなければなりません。「その時その時、他の刺激や状況」に適切に対処するバランス感覚、これこそ免疫体系が持つべき理想的な働きです。

免疫体系がバランス感覚を保つためには、体に合った運動、黙想、笑いなど、ストレスに良い多様な活動をしなければなりません。一般的に、運動を一時間程度すると、様々な免疫細胞の活動性と数値が適度に上がります。ところが、一時間程度、思い切り笑った後でも、これと似たような効果が見られるのです。笑いによる幸福感が、免疫細胞の活動を促すためです。

三、がん予防と治療には、定期的な計画が必要である

ハン・ボクスンさんの事例で見たように、どんなに手術の結果が良かったとしても、がんは二回、三回と襲ってくることがあります。手術や薬物治療はとても重要ですが、それで急場をしのいだとしても、再発の火種は残っています。その火種に風が吹けば、また勢いよく燃え上がってしまうのです。では、残った火種はどのように消せば良いのでしょうか。

がんの火種を消す解決策は、生活の中にあります。バランスのとれた食生活と、精神の健康、社会活動などがそうです。いつも楽しく笑い、その笑いを自分から家族、そして社会に広げ、奉仕活動もするとさらに良いでしょう。このような活動を、生活の中で絶えず実践し、維持することが、がん予防と治療の秘訣です。

食事療法は、直接体に影響を与えます。一方、精神を健康にさせてがんを治療するというのは、何だか絵空事のように思えるかもしれません。

しかし、古代ギリシャ医学から東洋医学、そして数十年前から西欧でブームになっている代替医学に至るまで、共通して言えるのは「精神と体は切っても切れない関係」にあるということです。

聖書の箴言にも、このような言葉があります。

「陽気な心は健康を良くし、陰気な心は骨を枯らす」（箴言十七章二十二節）

がん予防と治療のためには、普段からしっかり生きようという意志、明るく幸せな感情を持つことが重要です。

溺れている人は、わらをもつかもうとします。がんにかかったら、わらの代わりに笑いをつかみ、がんにかからなくても笑いを失わずに生活するなら、わらをつかむ必要はなくなるでしょう。

笑うことのできる人は健康です。
どんな重病患者でも、
希望に満ちた表情で大声で笑うことができるなら、
すでに健康になりつつあるという証拠です。
かげろうのように保証のない明日を生きるのではなく、
自分を本当にケアすることのできる人となってください。
笑いで幸せを手に入れる人生を生きるなら、
健康になり、幸せになります。

ハン・ボクスン

世界における笑い治療の現場

病気の子を笑わせるピエロセラピー

「うわー！　ケビン先生だ！」

医師が病室に入るなり、ピエロが声を上げてカーテンの後ろに隠れました。その姿がおかしくて、口に管をつけて寝ているテイラー君（二歳）がかすかに微笑みました。ピエロは、カーテンの後ろで私と一緒に軽快な声で歌を歌い始めました。病室で、ピエロと医療チームが一緒に歌ったり踊ったりする姿は、ピエロセラピーとして有名なニューヨーク市立小児病院では珍しい光景ではありません。

心臓手術を受けたテイラー君は、一週間前まで酸素マスクを着けてベッドに寝ていました。医師が病室に入ってくるたびにテイラー君の口から出る言葉は一つだけでした。

「何でぼくをいじめるの？」

テイラー君にとって、病院は苦痛な場所であり、医師は自分を苦しめる存在でした。けれども、テイラー君は、ピエロの楽しいショーを見てから笑うようになり、そのうち、ショーが終わってピエロが病室を出ると、廊下までついて行ったりしました。

「子どもたちは、病院に来ると落ち着かなくなります。想像以上にこわいのです。恐れをなくさなければ治療は進まないので、ピエロの役割が重要なのです。ピエロと一緒に遊ぶと、子どもたちの緊張が解けて、安心することができます」

この病院で勤務している医師の言葉です。

アメリカでは、多くの病院でピエロセラピーを導入しています。専門のピエロセラピストを百名も抱えているビッグアップルサーカスは、十七カ所の小児病院と協力関係を結んでいます。先進医療技術を誇るアメリカの病院が、なぜピエロセラピーを行っているのでしょうか？

まず、ピエロが届ける笑いとユーモアは、患者の苦痛を和らげます。ピエロセラピーに参加しているピエロと医療チームによると、ほとんどの患者が、笑っている間痛みを忘れるそうです。笑った後も鎮痛効果が持続するため、笑いが良い補助療法となっているのです。また、ピエロセラピーは、子どもの患者が病院を安心した空間として受け入れることを助け、治療をスムーズにします。何日も入院しなければならない子どもの患者は、恐れと憂うつ感に陥りがちです。ピエロの存在は、そのような時に必要です。ピエロのおかげで笑いを取り戻し、病院と医療チームに対する拒否感もなくなります。

病院で子どもと遊んであげる人はあまりいません。しかし、ピエロは子どもと遊んだり、手術の前後にそばにいたりすることによって、子どもと「肯定的な関係」を結び、子どもの治療を助けます。ご飯を食べない子どもに食べるように促したり、ベッドに寝てばかりいる子どもに、歩くように勧めたりします。

十年以上ピエロとして働いてきたアレンさんとフィルシーさんは、子どもたちがニックネームをつけるほど大人気です。彼らは「子どもが安心できて楽しい存在を必要とする時、その横にいてあげること」が、ピエロの存在する目的だと言っています。

「ある病室に入った時、二人の療法士が一人の子どもを相手に手を焼いていました。その子は、ソファーに座っておもちゃで遊んでいたのですが、療法士がどんなに子どもをソファーから下ろそうとしても、嫌がって下りなかったのです」

その時、二人は妙案を思いつきました。アレンさんが寝たふりをして別のソファーに横になり、フィルシーさんが子どもに話しかけました。

「ちょっと見て。お友だちが寝ちゃったみたい。起こしてみようか？」

すると、子どもはアレンさんのそばに歩いて行き、指でトントンとつついて起こしたのでした。

奇跡のような出来事もありました。何年か前に、二人は、何カ月も昏睡状態にある少女の前で、少女に歌を歌っていました。すると、突然少女が目を覚ましたのです。

「私たちが病室にいる間、何か特別なエネルギーが生まれたような感じでした。偶然の一致かもしれません。しかし、微力ながら私たちの歌が、少女に力を与えたのだと信じています」

▼医療チームは患者の病を、ピエロは健康な面を探す

ピエロセラピーは、一種のサービスです。患者を直接治療するというより、患者の心を楽しくさせ、笑わせるサービスです。

ピエロは必ず、「どうぞ！」という許可が下りてから、ドアを開けて入ります。どんなにピエロセラピーが良いものでも、患者自身が望まなければ強要することはできません。子どもたちは、自分が選択権を持っているために、ピエロをより信頼するようになるのです。

病院にピエロを派遣しているビッグアップルサーカスの社会奉仕担当であるアンドレア・コッヘル氏に会いました。彼は、ピエロセラピーと病院間の関係について詳しく説明してくれました。

「ビッグアップルは、もともとアメリカ各地を回って公演するサーカスでした。二十年前、共同設立者であるマイケル・クリスチャンセン氏が、社会還元のためにニューヨーク市立小児病院でチャリティー公演をしました。その時マイケル氏は、患者のために公演をすることこそ、サーカスが社会に貢献できる一番大きな奉仕だと考えたのです」

その時から、ビッグアップルサーカスはニューヨーク市立小児病院と協力関係を結んで、ピエロセラピープログラムを始めました。けれども、ピエロセラピーが導入された頃は、病院側は否定的で権威的な雰囲気でした。

ある日、マイケル氏は、医師からＩＣＵに入らないようにと言われました。

「ピエロはここに入ることはできません」

すると、マイケル氏はこう答えました。

「それなら、子どもだって入ってはいけないのではありませんか」

当時の病院は、患者の両親でさえＩＣＵに入ることができませんでした。しかし今は、どんな状態の患者であれ、望めばピエロは訪ねていきます。子どもの患者とその家族にすべての医療サービスの焦点を合わせていると言っても過言ではありません。

このように、医療現場で重要な役割を担っているピエロは、厳しい選抜試験によって選ばれます。ビッグアップルサーカスでは、一年に一、二回、厳しいオーディションを行います。最終合格者は、選ばれた後も二週間、先輩のピエロから訓練を受け、また半年間の訓練期間を経てから、正式なピエロセラピー要員となります。単純に人を笑わせるだけではなく、抗菌せっけんで手を洗う習慣まで、毎日繰り返し教育を受けるのです。あちこちの病室を回りながら、患者と握手をするため、免疫力の弱い子どもと触れ合うためには、清潔であることが重要だからです。

医療チームは、患者の悪い部分を探しますが、ピエロは、患者の健康な面を探します。それは「笑い」です。笑いは、病院という冷たい空間を温かくする役割を果たします。病院の雰囲気が温かくなれば、患者も早く良くなります。

落語を聞かせる病院

群馬県高崎市にある、中央群馬脳神経外科病院。毎月、四週目の土曜日になると、病院は患者と近所の住民でいっぱいになります。理事長が直接、落語をするからです。

病院の一階ホールに入ると、職員が屏風を立ててイスを運んでいました。舞台となる壇上には、座布団が敷かれています。準備が整ったようです。

着物姿の中島英雄理事長が、壇上に上がって落語を話し始めました。一人で医者と患者の役を交代して話していきます。

「頭が痛いって？　頭を前に出してください」

「ちょっと、先生！　頭を聴診器で検査するのですか？」

「何と言っても聴診器が一番正確ですよ。こうやってたたいてみると、頭が空っぽな人は良い音がし、中身がいっぱい詰まっている人は鈍い音がするんです」

「もういいです。ＣＴかＭＲＩはないんですか？」

「そんな機械はとても高くて」

「ではレントゲンは？」

「レントゲンならあります。こちらに来てください」

「先生が直接撮るのですか？　技師はいないのですか？」

「ああ、技師ですか？　近頃は人件費が高くて……」

「頭が痛いのに、なぜ腹を撮るのですか?」
「患者さんのお腹がずいぶん出ているようなので」
「先生の方が出ているんじゃないですか?」

観客が大笑いしました。壇上に座って笑いを取っている理事長の姿は、とても新鮮に見えました。公演が終わってお会いした中島理事長は、とてもユーモラスな方でした。

「医者が落語をするなんて、と陰口をよく言われました。韓国ではどうか分かりませんが、日本人は笑いに関する理解がまだ足りません。特に、男性が笑うと軽く見えるという偏見を持っています。実際、昔のサムライが笑うというのは、想像もできないことだったでしょう」

▼笑いというのは、脳の機能が正常な時にだけ可能である

落語で患者を笑わせることは、中島理事長が長年の経験を通して悟った医術です。理事長は、笑いこそ病気に対する抵抗力を高める薬だと信じていました。理事長が笑いの効果を信じるようになったのは、アメリカのジャーナリスト、ノーマン・カズンズの文を読んでからです。ノーマン・カズンズは膠原病にかかり、医師から絶望的な診断をされました。しかし彼は、笑いとビタミンCを用いて、その病を完治させたのです。

中島理事長は、その文章を読んでから、自分も患者に笑いを与えたいと思うようになり、自分の

特技である落語を用いることにしたのです。理事長は十歳の時から落語を続けているベテランです。

「どんなことでも、続けることが一番難しいです。ある年の夏、とても暑くて、公演を一度やらなかったことがありました。エアコンをつけても、私が座る舞台はとても暑かったのです。ところが、患者の抗議が殺到したのです。私の落語を見るため入院までしたのに、やらないとは何事かと。結局、どんなに暑い日でも、落語を続けることにしました」

患者の脳の血流量は、落語で笑った後に八・二％増加していました。理事長の分析によると、血管が広がって、血液の流れが良くなったということです。血管が狭くなると血流量も減り、酸素と栄養分、免疫細胞の供給が円滑に行かずに新陳代謝が悪くなります。このような状態では免疫のバランスが崩れ、細菌やウィルスに対する抵抗力が弱くなります。

反対に、血液の流れが良くなると、末梢血管の隅々にまで酸素と栄養が行き渡るため、病気に対する抵抗力が強まります。新鮮な血液が持続的に供給されると、新陳代謝が活発になり、細胞の老化もゆっくりになります。痴呆症になる確率も減ってくるのです。

▼笑いに伴う血流量の変化

この実験を通して、中島理事長は笑いが脳卒中患者に特に良いという結果を出しました。脳卒中患者は、狭くなった血管が破裂して脳出血を引き起こすのですが、笑って血管が広がれば、それだけ脳出血の危険度が低くなるからです。

患者の脳波の検査結果、α派とβ派が両方とも増えていました。これは、脳が活性化されて、緊張を緩和させるホルモンが分泌されたと見ることができます。

実際に、二〇〇五年四月に脳出血で倒れ、現在この病院でリハビリを受けている男性の患者は、落語を見るたびに体中の緊張がほぐれて楽しくなったと言います。脳の血液量が増加して、β派エンドルフィンが分泌され、頭痛と体の痛みが緩和されたのです。

笑いによって、糖尿患者の血糖値も下がりました。不思議な点は、健康な人の血糖値は変化がありませんでしたが、糖尿患者の血糖値は下がったということです。

「朝目が覚めたら、一番先に鏡を見て笑いなさい」

笑いの効果を積極的に活用するために、中島理事長が勧める治療法です。

小児科医、ハワード・バネット氏に学ぶ

レゴ（ブロック）で作った汽車やパズル、粘土で作った綿棒、鼻水が出る偽物の鼻とプラスチックのハンマー。アメリカのワシントン大学医科大小児科教授であるハワード・バネット氏の診察室は、おもちゃであふれています。彼は、子どもたちをユーモアを持って治療することで有名です。

診察室を訪ねた時、彼は十歳の少年を治療中でした。少年は少し緊張しているようでした。

「子どもが、十五メートルもあるはしごから飛び降りたけど、全くけがをしませんでした。どうしてでしょう？」

少年は少し考えてから「下が水だったから？」と答えました。教授は笑って答えを言いました。

「みんな、少年がはしごの上から落ちたと思うでしょう。でも、はしごの一番下の段から落ちたのなら、けがはしないよね。もちろん、このクイズには答えがいくつもあるんだ。ある子は、はしごが十五メートル地面に埋まっていたから、けがをしなかったと言ったんだ。君もとってもいい答えを教えてくれたね」

ハワード教授は、いつもこんな風に子どもを治療します。子どもが心理的に緊張状態にあると、治療はおろか、診療すら難しいのです。おもちゃやジョークは、この緊張を和らげるための道具となるのです。

「医者が命令調で話さずに、笑いながらジョークを言うと、患者との心の距離を縮めることができます。重要なことは、医者が時間を投資するということです。子どもの患者は、病院に来ること

自体がこわいので、医者が楽しく遊んであげると安心します。結果的に医者を信頼して、治療を受けてくれるのです」

病院に来た子どもが一番こわがるのは、舌を抑える棒と注射、そして血です。そこで彼は、大きなおもちゃの棒で、親の喉を見るふりをします。次に、それと比べて小さく平べったい棒を見せると、子どもは安心して口を開くのです。

注射の針を刺して血を抜くのも、恐ろしいことです。ハワード教授は子どもに緑の血を見せながらこう話します。

「ワシントンには、緑の血が出る宇宙人がいるんだよ。もしかして、君も宇宙人じゃないか見てみないと」

子どもは、彼が見せた緑の物質が、本当に血かそうでないか、本能的に好奇心が生まれます。その瞬間に血を採取するのです。

▼子どもの患者は、楽しい医師を信頼し言うことを聞くようになる

彼が研修医だった頃、骨の手術をした患者がいました。手術した日は痛みがひどく、ユーモアはあまり役に立ちませんでしたが、二日目に面白いテレビ番組を見たその患者は、初日と比べて鎮痛剤の量がずっと少なくて済みました。笑っている間は、痛みをあまり感じなかったからです。

ユーモアは、医師と患者との人間関係にも良い影響を与えます。医師が患者にジョークを言うと、ぎこちなさが消えて互いの距離が縮まります。

「私が研修医だった頃、『医師は患者と良い人間関係を作らなければならない』と教わりました。私にとってその方法がユーモアでした。患者の話を聞いてあげるのも良い方法ですが、ユーモアは全世界で通じるものであり、特に子どもに合った方法です」

医師は状況によってユーモアをうまく使い分けなければなりません。一〇一号室で患者が亡くなった時、一〇二号室から笑い声が聞こえてくるとしたら不謹慎です。ユーモアと笑いは、他人を配慮するという前提で可能なのです。

「これは断言できますが、少なくとも子どもの患者にはユーモアが有効です。ただ、ユーモアに対して過度の期待を持つことは禁物です。子どもの緊張をほんの少しでも減らすことができたら、それで満足しなければなりません」

重要なのは「雰囲気作り」です。明るい色の壁紙、楽しい童話や雑誌、かわいいおもちゃなど、いろいろな方法で雰囲気を作ることができます。しかし、お金をかけなくても、一言のユーモアや、患者に関心を示すささやかな表現で、患者に十分安心感を与えることができます。

ユーモアと笑いは、患者と医師の間のストレスを減らす、重要な手段となっているのです。

○ハワード・バネット氏に学ぶ笑いのノウハウ

一　両手で耳をふさいで舌を出して見せたり、インターネットで見つけたユーモアを話したりするのに時間はそれほどかかりません。ユーモアはほんの一瞬です。

二　病院に来て、緊張し落ち着かない子どもには、面白い話、興味のあるおもちゃ、手品などが効果的です。これらを使って子どもの気をそらせてあげると、心理的な緊張状態を解いてあげることができます。

三　やたらと笑いを乱用してはいけません。状況に合わせて、ユーモアと笑いを用いるべきです。ユーモアを好まない人もいるからです。

未来の医療分野「精神神経免疫学」

これまで、ストレスが私たちの健康を害する「毒」として作用するという結果が多く報告されました。では、「笑い」や「楽しみ」は薬となるのでしょうか？

アメリカの著名な精神神経免疫学研究者である、リー・バーグ博士は、笑いと楽しい情緒が人に及ぼす影響を研究してきました。彼の研究のうち、心臓病に糖尿の合併症が出た患者を対象に、一年間行った研究結果が注目されています。

患者を二つのグループに分けて、一つのグループは毎日三十分、一週間に五回面白いビデオやテレビ番組を見せ(笑いのグループ)、もう一つのグループはそのような活動を全くしませんでした(普通のグループ)。一年後、笑いのグループの心臓病再発率が顕著に減りました。笑いのグループは、血圧を下げる薬物治療や、心臓の痛みを減らす薬の使用を、著しく減らすことができました。

リー・バーグ博士は、笑いを疾病の予防と治療において、すべて活用できる方法を研究しています。特に、笑いが運動や瞑想、ヨガと合わされば、各種のホルモンと神経伝達物質が肯定的に作用し、健康に大きな効果を得ることができると信じています。

精神的にひどいストレスを受けると、病気にかかりやすく、治りにくくなります。複雑なホルモンの名前や、精神神経免疫学という難しい言葉を聞かなくても、私たちは昔から、笑いの重要性を知っています。「笑う門には福来る」と言うではありませんか。笑いながら生きる人生こそ、健康に生きる近道であるということでしょう。

chapter5

笑いの再発見、その特別な効果

笑いには運動効果がある

辞典で調べると、笑いとは「快適な精神行動に伴う感情反応」とあります。ところが、笑いは感情だけでなく、体にも変化を与えます。

大笑いすると、横隔膜が動き、空気を吸い込むようになります。口を大きく開き、下あごが上下に揺れ動くだけでなく、体全体が振動します。十五秒間手をたたいて大笑いすると、百メートルを全力疾走したのと同じであるというのもこの理由からです。

笑いの運動効果を確認するため、成均館大学のスポーツ科学部アン・イス教授チームと共に、実験をすることにしました。「何もしていない時、運動している時、笑っている時」にそれぞれ私たちの体がどのように変化するかを測定しました。

基準時間は一分です。何もしていない時には、〇・六キロカロリーを消費します。一方、笑っている時は二キロカロリーを消費しました。ランニングマシンで歩いた時は一・五キロカロリー、走った時は五キロカロリーの消費でした。つまり、一分間笑うと、一分間歩くより〇・五キロカロリー多く消費し、何もしていない時の約三倍程度カロリーを消費するのです。

一分間の酸素消費量にも違いがありました。笑っている時の酸素消費量は、何もしていない時より四倍程度、腹式呼吸をしている時より二倍程度多いのです。

心拍数の変化も調べてみました。一分間の心拍数は、何もしていない時は七十回、笑っている時は百三十回、走っている時は百七十回でした。心拍数は、運動強度を表します。一分間笑う時の心拍数は、望ましい運動強度です（三十〜五十代の成人基準として）。

結論として、笑いにはウォーキングと同じような運動量があります。笑うと、平素より呼吸が早くなり、酸素摂取量が増え、心拍数が増加してカロリーも多く消耗します。ウォーキングは負担の少ない理想的な運動なので、歩くことができない時は、ひとしきり笑うのも良い運動になります。

アメリカ、スタンフォード大学のウィリアム・フライ博士は、一分間思い切り笑うことは、十分間オールで水をかくことと同じくらいの心拍数になると言っています。大笑いすると、胃腸、胸、筋肉、心臓まで動かすので、かなりの運動効果があるということです。

ただ、運動効果を得ようとするならば、「ははは」と一度笑うくらいではだめです。少なくとも、一〜二分以上は続けて声を出して笑うことが必要です。

笑いは痛みをやわらげる

「脊髄手術による痛みを感じるそうですが、一番痛い段階を十とし、痛くない状態をゼロとした時、今感じる痛みはどれくらいですか」

痛い人ほど多く笑いなさいと言います。笑いは、脳に分泌される自然鎮痛剤エンドルフィンの生産を促進させるからです。そこで、笑いの鎮痛効果を知るために、脊髄疾病専門病院に入院している、脊髄が痛む患者十七名を対象に実験を行いました。

まず、痛みのある患者に、自分の痛みの数字をゼロから十までで表してもらいました。ゼロは全く痛くない状態で、十はひどく痛む状態です。

笑った後、痛みの程度に変化があったでしょうか。

「さっきは四と言いましたが、今は三くらいです」

「良くなった気がします。痛みを忘れていたようです」

患者は、約三十分間楽しく笑いながらレクリエーションをした後、平均三十三％痛みが減りました。笑う前に感じた平均の痛みの数値は四でしたが、笑った後は二・四に下がりました。

笑いは糖尿患者の血糖値を低くする

二〇〇三年、筑波大学の研究チームは「笑いが食後の血糖増加を抑える」という内容の論文を発表しました。二十名の糖尿病患者が昼食後に約四十分楽しく笑った後の血糖値を測定すると、笑わなかったときと比べて大幅に上昇が抑えられたのです。

大学の笑い研究チームは、まず「笑いのリセット効果」、つまり笑いが大脳の辺縁系を刺激し、体のホルモンと身体器官をバランスのとれた状態に再整備（リセット）するという仮説立てました。この仮説を証明するために、六カ月間、糖尿病笑い教室を開きました。

観察した結果、患者の血糖値が改善され、患者の普段の表情も明るくなりました。また、うつ病の症状があった患者は、精神的にかなり良くなりました。

糖尿患者にとって笑いは、単なる運動効果だけでなく、健康を管理する良い手段となるのです。

笑いは顔の温度を下げ、気分を良くする

同志社大学心理学部の余語真夫《よごまさお》教授は、表情に伴う顔の温度変化を測定しました。顔をしかめている時は温度が上がり、口を「い」の形に広げて笑顔でいる時は温度が下がっていきました。彼は、その理由をこう説明しています。

笑顔でいる時や笑っている時は、呼吸が活発になり、顔面の筋肉も緩みます。その結果、顔の表面に流れている静脈血管の熱交換が活発になるのです。熱交換が活発になることで静脈血液の温度が下がり、脳の温度も下がります。脳の温度が下がると、気分が良くなります。冷たい空気を吸い込む時にさわやかさを感じ、風邪で鼻が詰まっている時に気分が悪いのは、脳の温度が高いからだそうです。顔をしかめている時は、呼吸が通常通りではなく、顔面の筋肉も緊張して、静脈の熱交

換が妨害されている状態なのです。

東洋の健康法の一つである「頭寒足熱」も、やはり頭は冷たくし、足を温かくするという意味です。そうしてみると、私たちが仕事や勉強に行き詰った時に「頭を冷やしてくる」というのも、一理あるのかもしれません。頭を冷やし、気分が良くなるためにもたくさん笑いましょう。

笑いは血液循環を良くし、心臓や血管関係の病を予防する

アメリカのメリルランド医大心臓内科のマイケル・ミラー博士。彼は患者に、アスピリンと一緒に「一日五十分間の健康な笑い」という処方を出します。笑いが血液循環システムに直接的な効果があるということを明らかにするためです。

彼の実験は簡単です。まず、二十名の血管の直径を測定し、基本指数を出します。その後、彼らに笑いを誘う映画と、精神的ストレスを与える映画をそれぞれ違う日に見せます。

実験の結果、笑いと関連した映画を見た日は、血管が平均三十％拡張し、血流量が増えました。反対に、精神的ストレスを与える映画を見た日は、血管が平均二十％収縮し、血流量も減ったのです。

血管が拡張すると、血管内の一酸化窒素が活性化するため、血液凝固と動脈硬化、酸化、血液の流れなどに影響を与えるのです。

「この実験をするまでは、笑いは中立的な要素だと考えていました。ストレスよりはましだけれ

ど、プラスの効果があるとは期待していませんでした。ところが、笑いが血管の拡張と血液循環に直接的に効果があるということを知り、驚きました」

ミラー博士の言葉です。これからも笑いの驚くべき効果は、明らかにされ続けていくでしょう。

うその笑いでも気分を良くすることができる

アメリカの心理学者トムキンスは、外部の刺激によって顔の表情が変化し、その後感情が伴ってくるという仮説を立てました。トムキンスはこれを「表情フィードバック仮説」と名づけました。

この仮説を確かめようとした最初の実験者は、被験者に「笑顔を作ってください」または「怒った表情をしてください」と指示を出し、その感情の状態がどうなったかを調べました。しかし、この実験では、自分が今どの表情をしているのか、被験者が分かってしまうことが問題でした。

この問題点を解決するために、ドイツの心理学者ストレック博士は、実験を受ける人が、自分が笑顔を浮かべているという考えを全く持たないようにしました。つまり、ボールペンを歯で軽くくわえることにより、笑う時に使う筋肉を動かすようにし、それに伴い、楽しい感情が生まれるかを観察しました。

そこで、釜山大学のアン・シンホ教授チームと共に、この仮説を直接実験しました。ドイツのストレック博士チームが行った「ボールペンくわえ実験」です。

百名の学生を二つのグループに分け、一つのグループは、ボールペンの先をくちびるでくわえ、口をすぼめる形になるようにしました。もう一つのグループは、ボールペンの真ん中の部分を歯でくわえ、口が「い」という形になるようにしました。配った紙には、最近インターネットで流行っている面白いマンガを四話載せました。マンガを読みながら、面白さの程度をゼロから十まで点数をつけてもらいました。また、ボールペンをくわえている姿勢が快適でない度合いについても点数をつけてもらいました。

その結果、ボールペンを口をすぼめてくわえた学生より、歯でくわえた学生の方が、マンガをより面白く読んだと答えました。しかし、ボールペンをくわえている姿勢が不自由であったという点数は、歯でくわえていた学生の方が高かったのです。つまり、口先を上げた状態でマンガを読んだ学生は、ボールペンをくわえている姿勢が不自由だと感じたけれども、マンガはより面白く感じたのでした。

この実験で、私たちは二つの事実を類推することができました。一つ、口角を故意的に上げた時は、より肯定的な思考をするようになるということ、もう一つは、同じ状況でも喜びや楽しさをより感じることができるということです。よって、無理にでも笑顔を浮かべると、気分もそれに従って良くなっていくという仮説がある程度立証できたのです。

顔の表情と感情との関係には、三つの可能性が考えられます。
一、脳から先に感情が発生した後、顔に表情として表れる。
二、顔の表情筋肉の緊張や表情を脳が認識し、その表情に対応する感情が脳に表れる。
三、顔の表情が顔の表面を流れる血液に影響を与え、脳の血液温度が変化して感情が発生する。

私たちは、この二つ目の可能性についてよく考えなければなりません。誰でもこの可能性を証明することができます。面白いコメディー映画を見ている間、両手で両方の頬を動かせないように押さえておきます。笑いそうになっても、顔の表情が抑圧されていると、楽しい感情を心から表わすことができません。そのような状態で数年間過ごさなければならないとしたら、どうなるでしょうか。長い間、笑えないように抑圧された表情筋肉のせいで、うれしいことがあってもその感情を表すことができなくなるでしょう。

すべては心がけ次第だと話しました。人をあざ笑ったり、作り笑いをするのではなく、豪快に笑ってみましょう。顔の表情と感情との二番目の可能性、つまり、表情フィードバック仮説で確認されたように、「笑うから健康になり、幸せになる」のです。

実験をするまでは、笑いは中立的な要素だと思っていました。
ストレスよりは良いけれど、プラス効果があるとは期待していませんでした。
ところが、笑いがストレスを解消するという他にも
血管の拡張と血液循環に直接的な効果があるということが
分かったことも驚きでした。

マイケル・ミラー（メリルランド医大心臓内科医）

Part II
笑うと成功する

成功した人には笑いがある

職場での必須要素は笑顔

地方から上京し、就職活動をしているファン・ハナさん（二十三歳）。彼女の希望する職種はウェブデザイナーです。この六カ月間、数十か所に履歴書を送り、そのほとんどが最終面接までいったものの、未だ就職できていません。

就職博覧会場へ行く彼女についていってみました。彼女はあるウェブデザイン会社のブースに座りました。

「弊社のことを知っていましたか？」

「はい。採用サイトで見て、会社のホームページも読みました」

良い印象を与えるまたとない機会なのですが、彼女は対話をする間中、硬い表情のままでした。話をする時に口を覆う動作が特に目につきました。彼女から、人知れぬ悩みを聞くことができました。歯の色が悪いため、人前でまともに笑ったことがないというのです。

「永久歯が灰色なんです。子どもの頃は気づかなかったのですが、学校の遠足の写真を見ていた友人が『あなたの歯の色、変ね』と言ったのです。他の人たちもそう思っているようでした。写真の中から私の顔だけ消してしまいたいくらい恥ずかしかったです」

さらに悪いことに、彼女は最近、自転車で転んで前歯を折ってしまったのです。そのため、彼女は口をできるだけ開かずに人と話すようになりました。笑う時も、ほんの少しほほ笑むだけか、手で口を覆うくせがついたのです。

笑うということは、感情を表現する行為です。感情を表せなければ、感情が抑圧されて消極的になり、すべてに自信がなくなります。あまり笑わない人は、顔の筋肉を使わないので、表情が固まってしまいます。彼女の顔も長い間笑いを忘れ、こわばっていました。

彼女と話をした会社の担当者も、その点を指摘していました。

「ぎこちなく、自信がなさそうに見えました。面接時は誰でも緊張して固くなるものですが、もう少し明るい顔で自信をもって受け答えをすれば、面接官に信頼されるでしょう。近頃は、実力の面で皆似通っているので、どうせなら明るくて積極的なイメージの人を選びます」

彼女にとって、笑顔は切実に必要なものでした。

▼ファン・ハナさん、笑顔で自信を取り戻す

そこで私たちは、歯科医療チームの助けを得て、彼女の表情を変えようとしました。そして、笑顔を取り戻した後、本当に就職できるのか、見守ることにしたのです。

彼女の歯は永久歯が生える時に抗生物質を多用したせいで、歯の根と色相がひどく傷ついてしまっていました。折れた前歯はインプラントで解決できますが、歯の色を変えるのは難しいようです。そこで、〇・三ミリの厚さの作り物の歯を前歯にかぶせました。

歯の治療と整形がすべて終わった日、ファン・ハナさんは鏡の前に座りました。

「笑ってみてください。笑う練習をしないとね」

院長の指示に従って、彼女は口角を上げました。きれいに整った前歯で、唇の形がずいぶん違って見えました。歯の色も白く、誰が見ても自然な歯でした。彼女の目に涙が浮かびました。

「何と言ったらいいか……。本当に感謝します」

「もう面接の時には、自信を持って笑ってね。分かった？」

鏡の中の彼女の口元は震えていました。十数年間、笑わずに生きてきたためです。口角を上げ、口の周りの筋肉をほぐし、歯が十分見えるように笑うトレーニングをしました。

笑いを取り戻した彼女は、さっそくウェブエージェンシーへ面接に行きました。彼女は、以前と比べて安定した表情で、終始笑顔を浮かべていました。

彼女が作ったホームページを見て、人事担当者はとても満足げな表情をしました。

「色の使い方が上手ですね。一～二年学んだら、かなり実力のある人材に成長するでしょう」

面接官にほめられて、彼女の顔に笑顔が浮かびました。今まで取材してきた中で、初めて見せた明るい笑顔でした。面接を終えた彼女は、意欲に満ちているように見えました。

「うまくできました。私自身が自然に振る舞えたことがうれしいです。今までは、うつむいたり、目もまともに合わせられなかったりしたので……」

彼女は、世界がすっかり変わってしまったかのようでした。

数日後、彼女は就職採用の知らせを受け取りました。笑いを取り戻してから、たった一度の面接で就職できたのです。会社を訪ねて会った彼女は、それまでと全く違って見えました。自分を愛し、周りの人から愛される人だけが持つ自信が顔に表れていました。

彼女は、就職に成功した秘訣をどのように考えていたのでしょうか？

「いろいろありますが、『笑顔』が一番重要だったと思います」

彼女は、笑う練習をずっとしていました。笑う練習をすると、楽しい気持ちになったそうです。楽しいから自信が生まれ、すべてに意欲があふれてきたと言います。職場の同僚は、彼女の笑顔がかわいらしく、明るくてすてきだと口をそろえて言いました。

「ファン・ハナさんは笑顔が特にすてきでした。明るい人だという印象でした」

彼女を採用した人事担当者の言葉です。彼は、ほとんどの面接官は志願者の「イメージ」を見ると強調しました。特に企業が選ぶ人は、活気にあふれ、堂々とした人です。笑顔で明るい性格の人は、職場の同僚とも調和を保ち、会社の発展に貢献するというのが、その理由です。

ファン・ハナさんのように歯の整形をしなくても、重要なことは「自信を持つこと」です。まず、明るく笑いましょう。

女優の笑顔を売る

最近、ニューヨークのマンハッタンでは、「笑い義歯」が流行しています。この商品を販売している歯科に入ってみると、有名芸能人の写真が飾ってありました。ジュリア・ロバーツ、グウィネス・パルトロー、キム・キャロルなど、特に笑顔が美しい女優の写真が集まっていました。

「どれになさいますか。お客様の顔にはグウィネス・パルトローがお似合いだと思いますが」

「私も彼女がいいです」

有名人の笑顔を買うとは、いったいどういうことでしょうか。

歯科医師のジェフ・ゴルブ＝エバンズは二〇〇三年「笑顔義歯」を開発しました。笑顔が美しい有名人の歯と同じ形の義歯を販売したのです。笑顔義歯の価格は、千五百ドルから二千ドル（約十五万円から二十万円）です。決して安い価格ではありませんが、歯の全体をインプラントすると五千から一万ドル（約五十万円から百万円）かかるのに比べれば安い方です。そのため、虫歯の治療でインプラントをするには費用がかかりすぎるという人や、健康上の理由で歯の施術ができない人がこの製品を求めてきたのでした。

「歯のせいで笑うことができないと、感情を自由に表現できず、心理的に委縮してしまいます。笑顔義歯をつけてから性格がとても明るくなったという例はたくさんあります。笑うことができるかどうかは、自信と直結しているのです」

アメリカ企業に笑顔経営を伝えた韓国人

「アメリカ人に話し方を教える面白い韓国人」。このようなニックネームが付けられた女性は、現在医療会社カット・ルース・カンパニーの副社長であり、ライノビジネスクラブの会長であるジンス・テリーさんです。

彼女は、幼い頃から野心家でした。成功したくて、男子生徒が多く通う工業大学に進みましたが、大学を卒業しても就職できませんでした。彼女が女性であるという理由だけで不採用となってしまうのです。大学院に進んだ彼女は、修士学位を取り、百五十の会社に履歴書を送った末、やっとある会社に入社しました。

彼女は人生について、具体的な夢を描き始めました。三十歳になる前に博士学位を終え、大きな工場の工場長になること、彼女はこの二つの目標を紙に書いて机の前に貼りました。

ところが、思いがけない縁が彼女の人生を変えたのです。偶然出会った旅行者のアニーです。アニーは、二年間世界一周旅行をしていました。ジンスさんは、みすぼらしい格好で世界を回っているアニーがとても不思議で、六カ月間、彼女の後をついて回りました。

「アニーは、成功の基準をお金に置いていませんでした。彼女にとって成功とは、世の中を知り、人生の楽しみを探すことでした。私も彼女のようにもっと広い世界を知りたいと、渡米を決心しました」

一九八五年、アメリカに移住したジンスさんは、英語は少しくらいできなくても、それまで働いてきた経歴を示せば、すぐに就職して成功できると思っていました。しかし現実は全く違いました。韓国では五千名を超える会社で係長をしていた彼女でしたが、アメリカに来てからは、やっと就職できた工場で十二名を管理し、時給も七ドルしかもらえませんでした。ある日、その工場で新しいスーパーバイザー（管理者）を選ぶことになりました。博士課程まで取った自分が有利であると期待していましたが、そのポジションは、高卒のアメリカ人のものになってしまいました。

彼女は憤慨して辞表を出しました。幸いにも、新しく就職した会社では、六十名の生産職労働者を管理するスーパーバイザーになりました。彼女は一日十二時間働き、週末も休まずに働きました。ところが、会社の経営が危なくなると解雇されてしまったのです。

三つ目の会社でも一生懸命働きましたが、やはり昇進のチャンスは巡ってきませんでした。

「なぜ私はどの会社に行っても昇進できないのか、全く理解できませんでした。考えた末、前の会社の副社長に電話をして聞いてみました」

すると、元上司の口から意外な言葉が出てきたのです。

「君は熱心に働くし、誠実で頭も良い。しかし、一つ足りないものがある。面白みがないんだよ。それで君とは話が合わないんだ。つまらなくて、話が合わないから、部下たちも君についていかないんだ。そんな人をどうして昇格させることができるかい」

彼女は悟りました。アメリカで成功するためには、他人とうまくつき合い、面白くなければならないのです。彼の忠告によると、有能な人は、部下と対話する技術に長けているというのです。

彼女は自分を省みてみました。彼女は厳しく堅苦しい性格で、人と事務的に接するタイプでした。会社の経営陣は、対話ではなく命令調の彼女には管理職としての資格がないと判断したのです。そこで彼女は、面白い人になるための訓練を始めたのです。

▼面白い人になったら、いつの間にか成功した

彼女はスポーツクラブに登録し、イベントやパーティーに足しげく通いました。仕事だけにのめり込んでいた人生から抜け出し、周りを見渡すようになりました。すると、人生に少しずつ面白さが出てきたのです。彼女が、アメリカ社会で体を張って得た結論は、個人においても社会においても、人は「面白く（FUN）」なければ成功しないということでした。面白い人になると、彼女はついに副社長に昇進したのです。

彼女はさらに新しい楽しさを追及し、英語スピーチを教える「ライノビジネスクラブ」を設立しました。韓国人アクセントがある人に、英語のスピーチを教わるなんておかしいと嘲笑していたアメリカ人は、彼女の堂々とした韓国人アクセントを面白いと思うようになりました。彼女のクラブに来て、英語のスピーチを学んだ人は八百名を超えます。

サンフランシスコのファッションスクール講義で、彼女の実力を垣間見ることができました。学生たちはこわばった顔つきでジンスさんを迎えました。ファッションを学んでいるのに、なぜ

「面白さ」なのかというような表情の学生に、彼女はパワーポイントと各種資料を使った講義をたった二十分で終え、課外授業を提案しました。

ショッピングモールにやって来た彼らは、いろいろな売り場を見て回りました。

「あの店を見てみなさい！　いつか、あれがあなたたちのものとなるでしょう」

「あれが私たちの店にですか？」

「もっと大きなお店になるかもしれませんよ」

彼女の励ましに、学生は少しずつ興味を持ち始めました。そこで彼女は、学生に課題を与えました。どんな種類の人がここを訪れるのか、混む時間帯はいつか、観光客が好むのは何かを調査し、そこから独自のビジネスを考えて発表し、他の人の発表からも学ぼうというのです。

まず一つ目のチームが発表しました。

「店舗を見て回った結果、飲食店は多いのに、芸術品があまりないことが分かりました。そこでアート・バーを考えてみました。ボヘミアン風や、ブティックの雰囲気にします。空間を半分に区切り、片方では絵を描くことができ、もう片方では、地域の画家の絵を売るのです。お金を払い、キャンバスを買って絵を描くこともできます。このバーでは、コーヒーやティー、ワインも販売します。ですから、バーへ入ると、開かれている窓の外の風景を描くこともでき、ワインを飲むこともできます。客が自然に芸術の一部となる場所です」

別のチームは、寿司屋のアイデアを出しました。

「見て回ったところ、寿司屋が少ないようでした。そこで私たちが考えた寿司屋は、日本へ行ったような経験をさせるお店です。低いテーブルを置いて、床に座ることができ、寿司を舟の器に載せて提供します。日本に行ってみたい人には、旅行の計画を立ててあげ、緑茶サンプルも配ります。旅行会社やお茶を売る店と連携して、協力し合います」

発表の授業をする学生たちは、最初と違って楽しそうな表情でした。

ジンスさんの講義は続きました。

「覚えていてください。ビジネスから学ぶことは『面白さ』を見つけることです。面白さを仕事と結びつけ、生活に結びつけること。面白さとは、面白さを追求する時に生まれるものです。自分が面白いと感じることは何か？　どうしたら成功するか？　もっと自分が成長するためには、面白さがどんな助けとなるだろうか？　面白さでたくさんお金を稼ぐ方法は？　このように、自分の心の中の障害物を取り除き、肯定的、独創的に考えてください」

授業が終わると、学生は創造的な考えをすることができる機会だったと口をそろえて言いました。ジンスさんと一緒にショッピングモールを観察し、一時間半余りで彼らの考えと態度が変わったのです。彼女は、「ファン（FUN）」の三つの意味についても強調しました。

Funny　私たちは、面白い人とならなければなりません。

Unique　すべてにおいて独創的でなければなりません。

Nurturing　他人を世話し、配慮しなければなりません。

この三つを生活に取り入れるように勧め、その日の講義を終えました。

▼ジンス・テリーさんができるならあなたもできる！

アメリカでの社会生活も常に緊張を強いられ、疲れます。面白さを感じて働くのは難しいことです。そのような人に、楽しく働く方法を教え、訓練するのがジンスさんの仕事です。では、彼女はどのようにファン経営マインドを維持しているのでしょう。

方法は意外と簡単です。生活の中で絶えず好奇心を持ち、新しい変化を恐れないということです。たとえば、彼女は職員とご飯を食べに行く時も、創造性を発揮します。

「食事はとても重要です。良いものを食べて文化を学び、その中にあるストーリーを読み取るのです。食事でも、ビジネス感覚を身に着けることができます」

彼女は、食事に行く前に、レストランのインテリアは良いか、調理師や従業員はどうか、レストランの位置や座席は良いか、細かく調べます。良い環境に触れることは、新しいインスピレーションを引き起こす助けとなるからです。

ショッピングもやはり、単純に品物を買う行為に終わらせず、流行や若者の考えを知るチャンスととらえます。新しいアイデアを得ようとするなら、現場に足を運ばなくてはなりません。何より、現場で得る経験が一番重要です。

彼女が面白い人となることができたのは、育った環境と無関係ではありません。

「両親がよくほめてくれました。いつも私にかわいいと言ってくれ、何をしても、よくやったとほめてくれました。そのような環境で育ったせいか、私はいつも自信にあふれていました」

彼女は、自分が言われてきたほめ言葉を、今は自分の職員に言っています。職員が失敗をすると「あなたは失敗もかっこよくするのね」とほめ、良い成果を上げた職員にはボーナスをあげました。その結果、職員はもっと意欲的に働くようになったのです。

▼ファン経営は、家庭から始まる

人前で演説し、人を訓練する働きは、「舞台」に立つようなものです。絶えずエネルギーを充電していなければなりません。そのエネルギーを充電する源の一つが、家族です。

ジンスさんは、アメリカ人のサムと国際結婚をしました。現在、夫と姑と一緒に住んでいますが、二人とも彼女を全面的に支持しています。

「何をするにも、妻が面白いと思ってやっているかが重要です。私は、妻に『するな』とは決して言いません」

サムが彼女を好きなようにさせているのは、「誰でも自分が好きなことをするために生まれてきた」と考えているからです。否定的な言葉で、夫のやることに口を挟まないのは、彼女も同じです。

サムは、ダイビングやモーターサイクルのように、危険なスポーツを楽しんでいますが、彼女は全く干渉しません。この二人が出会ったのですから、毎日が冒険に満ちています。

ジンスさんは言います。

「結婚して二十年間、毎日出勤しながら、私は本当に運が良いなあと考えています。こんなに楽しい人と出会い、笑いながら生きることができてどれほど幸せか分かりません」

「ファン経営」は、家庭から始まるべきです。相手に指図したり、強要したりする代わりに、好きなことを一緒にするのです。夫婦、また親子で互いが願うことをしてあげ、好きなことを共有すべきです。

サムは、好き嫌いが激しい方です。韓国料理も、サムゲタンやカルビは食べますが、キムチや他のおかずはあまり食べません。彼女も、アメリカの食べ物がすべて好きなわけではありません。お互い食べ物の好みが合わないので、二人は簡単に妥協点を見つけました。必ずしも一緒に食事をする必要はないという結論を出したのです。

たとえば、サムはアメリカの食事、彼女は韓国の食事をしに出かけます。それぞれ食事を終えた後、公園で待ち合わせて一緒に散歩をします。

「『違う』ということは、『面白さ』に近づきます。互いに知らないことを学ぶことができるので楽しいのです」

自分の周囲の人が幸せになってこそ本当の成功と言えるというのが、彼女の考えです。楽しさや幸福は、家庭から生まれるものです。

違うから面白く、面白いから成功します。成功したければ、自ら面白い人生を楽しんでください。そして、成功のためには、常に変化を学ばなければなりません。学ぶこと自体が楽しくあるべきです。楽しみながら働くことができるなら、それこそ成功です。

笑いましょう！　そうすれば成功します

笑いは、人との対話にスパイスを与えるようなものです。

サムソン経済研究所が二〇〇六年、国内企業の役員六百名を対象にアンケートを実施しました。その結果「ユーモアが企業の生産性向上に役立つと思うか」という質問に、回答者の八十一％が「そう思う」と答えました。「ユーモアが企業の組織の活性化に役立つか」という質問には、およそ八十八％が「役に立つ」と答えました。また「ユーモアのない人より、ユーモアの豊富な人を優先的に採用したい」や「ユーモアをうまく用いる社員が、そうでない社員より仕事ができると思う」と答えた人が、それぞれ七十七％と五十八％でした。

「アメリカで一番面白い経営者」という別名を持つサウスウエスト航空のハーバート・ケレハー前会長は、新入社員の面接で、ユーモアを合格の重要な基準に考えています。ユーモアを用いて他人を楽しくさせることのできる人は、同僚と調和を保ち、生産性を高めるという理由からです。

現代はよく笑い、よく笑わせた人が成功する時代です。特に、卓越したユーモア感覚は、個人の人生を潤し、集団と組織に活気を与えます。ですから、競争社会で生き残るためには、ユーモア感覚を育てることです。

『タイム誌』の編集をしているヘドリー・ドノヴァンは「ユーモア感覚は、指導者の必須条件」と言い、世界的な企業カウンセラーであるデブラ・ベントンは、成功したＣＥＯたちの共通した特徴として「ユーモア感覚」と「話が面白い」ことを挙げています。

私はよく笑います。うれしくて笑い、腹が立っても笑います。
それが、心を変えるコツだと考えています。
失敗や間違ったことをしてしまった時、
両親が笑い、社長が笑い、ごめんねと笑ってあげれば、
自然に解決方法は見つかるのです。

ジンス・テリー（ファン経営コンサルタント）

ファン（FUN＝楽しさ）経営で成功した企業

アメリカ、ファン経営の成功例、サウスウエスト航空

アメリカ人が最も働きたい企業に選ばれたサウスウエスト航空。その成功神話は、面白い経営者と仕事を楽しむ職員が共に作り上げてきたものです。

「飲料水やコーヒーは四ドル、ワインは三ドルで販売しております。もし、私共のサービスがお気に召さなければ、機内に六つの出入り口がありますので、外へ飛び降りてくださいませ。出入り口は、前方に二つ、側面に二つ、後方に二つございます。天井についている電灯が、ディスコクラブの照明のように、皆様を出入り口までご案内いたします」

まるでコントのようですが、これは実際のアナウンスです。それも、飛行機の乗務員が乗客に非常口の位置を伝える重要なアナウンスです。ところが、乗務員も笑い、乗客も笑います。ファン経営で有名なサウスウエスト航空機内では、すべてが笑いに変わるのです。

サウスウエスト航空は、アメリカ国内でローコストの航空会社という旗印を掲げて出発しました。この会社は一九七一年の設立当時、既存航空会社と競争しませんでした。他の航空会社の顧客を奪うのではなく、飛行機に乗らない人に焦点を当てたのです。飛行機に乗らない人の不満は、食事や

サービスは不必要であり、もっと航空券の価格を安くしてほしいというものでした。そのため、少し時間がかかって不便でも、いつでも安い費用で乗ることのできる小型ジェット機を使っていたのです。サウスウエスト航空はこの点に着目し、新しい概念の航空会社を作りました。それが「自家用ジェット機のように頻繁に飛び、価格が安い航空会社」です。飛行機が頻繁に飛ぶことができるように、田舎の空港を利用し、航空券を安くするために、高い食事やラウンジなどの高級サービスをなくしました。機内で無料で提供する物は、水と炭酸飲料だけです。

ここまでなら、サウスウエスト航空は成功できなかったでしょう。彼らは顧客が「安いから仕方なく乗る」のではないようにしました。低価格な上に「面白く、親切な顧客サービス」を売りにしたのです。乗客が飛行機に乗る前から、空の旅を終えて空港を出るまで、サウスウエスト航空の笑いのサービスは続けられます。

「乗客の皆様。しばしの間、ご案内を致しますので、耳を傾ける振りをしてくださいませ。キャプテンアメリカとボーイワンダー（機長と副機長をアニメ映画の主人公に表現）が現在上空一万フィートを飛んでおります。そのため、皆様は電子機器をお使いになれます。まだ安全ベルトのサインが点灯しておりますので、お手洗いはランプが消えてからご利用ください。お手洗いの前で、長い行列をお作りにならないようお願い申し上げます。ありがとうございました」

機内にアナウンスが流れると、乗客は皆笑い出しました。乗務員は、乗客一人一人の目を見て話し、冗談を言います。カクテルを注文した中年の乗客には、未成年に見えるので身分証明書を拝見しますと言い、ピーナッツを頼んだ乗客には、ピーナッツを乗客に配ってほしいと言います。出しぬけにピーナッツ機内サービスをすることになった女性は、気を悪くするどころか、面白がってピーナッツを乗客に配ってあげました。フライト中、乗客は笑いが絶えませんでした。他の航空会社には必ずついているモニターがなくても、乗客は一言も文句を言いません。映画より、機内のパフォーマンスの方がずっと面白いからです。

最初から最後までおかしなことをしてくれるので、基本的なサービスがおろそかになっているのではないかと気になりました。ところがサウスウエスト航空は、過去十八年間、顧客不満が最も少ない会社に選ばれていました。

九・一一テロの後、アメリカの空港の税関は再び時間がかかるようになり、乗客の不満が増えてきているのですが、サウスウエスト航空を利用する乗客は文句を言いません。飛行機が延着したり、空港の事情で出発が遅れたりすると、搭乗口の前で「ゲートゲーム」が行われるからです。ゲームに勝つと、なかなかの商品がもらえます。手荷物配送ミスはほとんどありません。

サウスウエスト航空は、笑いと親切、誠実なサービス以外に「感動」も提供してくれます。九・一一テロが起きた直後、すべての航空機が緊急着陸した際、この会社の飛行機も近くの空港に緊急着陸しました。乗務員は、乗客の中でホテルの宿泊費がない人たちのために直接ホテルを手配し、自分のクレジットカードで乗客の宿泊費を立て替えました。乗客が家に帰ることができるよう、電車の切符を買ってあげた乗務員もいました。これらすべてのことを、進んで行ったのです。

▼アメリカで一番面白い経営者が作ったサクセスストーリー

サウスウエスト航空を直接訪問して、彼らのサクセスストーリーが「自然な笑い」から始まったことが分かりました。職員は一様に笑顔で、活気にあふれて働いていました。職員を会社で楽しく働けるように導いたのは、ハーバート・ケレハー前会長です。

ハーバート・ケレハー氏は「アメリカで一番面白い経営者」というニックネームを持っています。彼は、新入社員オリエンテーションで「私の名前はハーバート。ご存じのように、このショーのキャップ！（キャプテン）。でも、君たちが協力しなければ、地上でも空の上でも、私たちの愛は届けられない！」というラップを披露するほどです。彼は、新入社員を選ぶ時、ユーモア感覚がある応募者に追加点を与えます。業務に必要な知識や技術は、教育を通して身につけることができますが、体に染み込んだ態度は、簡単には変えることができないからです。アメリカの上位五百の会社は、大卒以上、きちんとした服装、専門的な業務態度を要求しますが、サウスウエスト航空は、「専門家になれなくても大丈夫」と広告しています。それでは、この会社は、職員に「笑いの生活」をどのように教えているのでしょうか？

「訓練を通してガイドラインを与えてはいますが、最終的に決定するのは、各自の役目です。経営陣は決して私たちに、これをしろ、あれをするなと指示することはありません。会社のために良いと思うことをするようにと言うだけです」

サウスウエスト航空で働いて三年目になるという職員の言葉です。彼は、会社が職員に警告や指示をするのではなく、「自由」を与えることが一番良いと言いました。意思決定できる自由と、失敗する自由さえも与えるということです。そうすると、考えと行動に「融通性」が生まれ、その融通性は「顧客の立場に立って、何が最善であるか」を考えるようになるというのです。

職員が自分の業務を自ら考えて決定し、行動に移す会社。このような理想的な勤務形態は、ハーバート・ケレハー前会長の経営方針から始まりました。

「サウスウエスト航空のCEOとして二十年間追及したたった一つの目標は、すべての社員に安定した仕事を提供するということでした。それが、私が最も誇りにしている成果の一つです。私が言う『職場の安定』とは、職員とその家族の基本的な生活基盤、そして、子どもの教育にまで責任を持つということです」

サウスウエスト航空は、会社設立後から二十五年間、一度のデモを除いては会社と労働者の間に争いはありませんでした。会社がリストラをしたこともありません。会社は、職員が楽しく働くための支援を惜しみません。サウスウエスト航空の職員ならば、飛行機に空席がある場合、いつでも無料で乗ることができます。職員の家族にも無料チケットが提供され、そのチケットは家族でない人にも譲ることができます。職員は、一生懸命働いた分の報酬が与えられるのです。

この会社の職員が働く様子は次のようです。職場で、スーツの代わりにラフな靴とジーパンを履いても構いません。ここ二年間は「パジャマデー」を決めて、本社の社員はもちろん、乗務員までパジャマ姿で勤務しました。会議はいつでも楽しく、ピザやサラダを食べながら、軽く会話を進めます。職員でバーベキューやダンスパーティーを計画したり、ハイキングに出かけたりもします。一緒に公園に行った写真が、事務室のあちこちに貼ってあります。

「仕事が楽しく、会社が好き」

職員はこのような心を持って働いています。権威的に指示する人がいないため、自ら名誉を守ろうと努めます。人が見ていようといまいと、自分の業務を最大限早く終え、他の同僚を助けようとします。乗務員が忙しければ、機長が出てきてゲートで乗客を出迎え、発券業務をする人が手荷物を運ぶのを手伝います。会社が職員のために力を尽くしていると知っているので、皆進んで働くのです。このような生活哲学が一つ一つ集まって、会社のファン経営文化を作り上げていました。

その結果、サウスウエスト航空は、一九九七年から二〇〇五年まで「アメリカで最も働きたい企業」の五位圏内に入っています。職員一人当たりのサービス顧客が二千四百名になっても、離職率は十%未満です。設立以後、今まで一度も赤字を出したことがなく、今ではアメリカサクセスストーリーの手本となりました。

費用節減と顧客満足という二足のわらじを履くことを成功させたサウスウエスト航空。職員自ら楽しさを見つけ、その楽しさの波が自然と乗客に広がっていくこの会社は「職員が幸せになれば会社も発展する」という企業理念が実体化した姿を私たちに見せてくれました。

日本の面白い企業、樹研工業

直径〇・一五ミリメートル、重さ百万分の一グラム。愛知県にある樹研工業は、小型プラスチック部品をはじめ、世界で最も小さい歯車を生産しています。この歯車は、世界的な企業の自動車スピードメーカー部品として使われています。樹研工業の規模は、正職員七十二名の中小企業です。しかし、年間売り上げが三十億円に達し、取引先もアジアやヨーロッパなど、百余りの企業に及びます。世界最高を目指しているこの会社の経営テクニックが最近話題になっています。

職員が楽しく働く過程で、自分の才能を発見し、会社は職員が才能を発揮できるよう最大限援助するというのが、この会社の経営方針です。

樹研工業は、新入社員を「先着順」で採用します。新入社員募集の広告が出た後、一番早く来た人が合格です。学歴や成績、語学の実力などは必要ありません。試験もなく、形式的な面接で、社長が尋ねることは「いつから私たちと働くことができますか?」という一言だけです。

「試験で職員を採用すると、結局、型にはまった人だけになってしまいます。あらゆる資格と語学の実力があればなお良いですが、そのようなものは、入社した後に勉強しても遅くありません。私と職員が、一緒に良い結果を成し遂げていく過程が重要なのです」

人の個性と多様性を重視する人材採用方式です。個性は誰もが持っている特性です。個性ある人が集まって、会社の多様性を作り上げ、この多様性が会社の発展に大きな助けとなります。誰を選んでも、会社が時間をかけてしっかり育て上げれば立派な人材に成長するというのが、松浦元男社長の経営哲学です。

このように人を採用しているので、この会社には多様な人が集まっています。暴走族出身、同じ部署で働く親子、出産して十年ぶりに再就職した女性、七十代のお年寄りなど、他の会社では想像もできないほど様々な人たちが共に働いています。ところで、彼らをどのように「時間をかけてしっかりと」育てているのでしょうか？

この会社は、新入社員が自ら適性に合う仕事を見つけるまで一年でも二年でも待ちます。人は誰でもうまくできることが一つはあるという理由からです。樹研工業の新入社員は、完全に白紙状態で会社生活を始めます。所属を決めず、一年間は設計、加工、総務、営業など、すべての部署の業務を経験します。その経験を土台として、自分がやりたい分野が見つかった時に初めて社長と進路を相談します。会社から一方的に業務を与えられるのではなく、職員の決定に会社が従うのです。

▼樹研工業には職員を楽しくする秘策がある

松浦社長は、職員が楽しく働けるように方針を設けています。その一つは、先ほど述べた「職員の自由な意思決定」であり、もう一つは「フレックスタイム制」です。職員の出退勤時間を記録するカードももちろん使っていません。

「だからと言って、会社が怠ける人を放置しているわけではありません。出退勤時間を定めていないのは、職員の『自己管理能力』を育てるためです。私は、会社に何のガイドラインもないことが合理的だと考えます。自由を与えられるほど、自分の仕事に責任を持つように訓練された人だけが会社を発展させます」

自由な雰囲気の中でも、職員が責任感を持って業務に臨むのは「自分だけの仕事」を自ら選択して行っているためです。

入社して八カ月になる松本さん。彼は、高校卒業後に自動車関連工場に就職しましたが、望まない部署に配属され、退職しました。樹研工業に再就職した後は、自分が望んだプラスチック歯車の製造を学んでいます。大学で生物学を専攻していた西島さんは、プラスチックは専門外でした。しかし一年間工場訪問をしているうちに、現場で金型（金属で作る型）を製造する仕事に興味がわきました。彼女は希望通り、金型製造部署に配置されました。最初は、精密な加工機械を扱う仕事に不慣れでしたが、少しずつ実力をつけ、自分だけのマニュアルを作る水準にまで達しました。

普通の製造業は、職員がそれぞれの生産ラインで分業作業をします。しかしこの会社では、製造部署の一人一人が製品工程の全過程を一人で責任を持って作り上げます。設計図をもとに、素材選びから加工までを一人で任されます。最初の何年間かは先輩技術者から技術を学びますが、その後は、自分が作ろうとする製品を自ら決めて直接マニュアルを作ります。自分が直接作ってみて失敗したら、他の制作方法を探すというやり方です。

「責任が与えられれば、自分の『作品』であるという意欲が生まれてくるものです。意欲が生まれれば働くことが楽しく、失敗さえも良い過程としてとらえることができます。意欲を持ち、楽しく働いている人に、経営者がこれをしなさい、あれをしなさいと指示をする必要があるでしょうか。各自が責任を持って働いているので、出退勤の時間も会社は決める必要がないのです」

樹研工業は、家電製品や事務用機器に使われている小型プラスチック部品を作っている会社です。このような部品は、金型にプラスチックを流し込んで作るのですが、部品が小さければ小さいほど、金型製作が困難です。精密な加工なので、作る人の個人的な経験と細やかさが重要になってきます。この過程を分業化すると、人によって精密さが微妙に違うため、不良品の出る確率が高くなります。精密さを維持するためにも、一人一人が各自の金型を作ることが望ましいのです。

会社の能率だけを考えれば、ある人は研磨だけ、ある人は設計だけを担当します。しかしその結果、仕事に面白さを感じにくくなってしまいます。そのため樹研工業では、一人一人が責任を持って製品を作るようにしているのですが、ほとんどの技術者がこの作業に満足しています。三十年の経歴を持つ技術者の坂口さんは、製品を作る楽しさをこのように表現しています。

「金型を作り、成型をして完璧な製品ができ上がった時の気分は、言葉では言い表せません。最初から最後まで一人でやり遂げたという達成感のためです」

これが、松浦社長が会社を楽しい場所にするための三つ目の方針「動機づけ」です。自分が任された分野でその仕事をやり遂げ、会社から認められるというチャンスなのです。この達成感を感じるために、職員は意欲的に働くのです。

基礎を完全に習得した職員は、各自自分が望む技術を先輩から学びます。職員の技術水準が高くなると、場合によっては数億円もする機械や、数千万円のソフトウェアを買わなければならないこともあります。しかし、その人の技術向上のために必要ならば、会社は全面的に支持します。開発費が不足して、研究を中断することがあったとしても、社員を信じて支援するのです。松浦社長の持つ四つ目の方針は、このような「全面的な支援」です。

松浦社長は毎日社内を見て回ります。「監視」ではなく、職員と「対話」をするためです。普通会社では、職員が集まって話をしていても、社長や上司が立ち寄ると、さっと散らばっていきます。しかし、この会社の職員は、社長にこう言うのです。

「一緒にお茶でもどうですか?」

職員は業務上の問題だけでなく、自分の進路や、勉強したいと思っていることまで、社長にアドバイスを求めるのです。外国語の勉強に必要な教材や、読みたい本を買ってほしいとリクエストもします。そのたびに松浦社長は、自分のポケットマネーで教材や本を買ってあげるのです。経営者が会社のお金を個人的に使っては、職員の信頼を得ることができず、経営者は常に模範となるべきであるというのが、その理由です。

さらに樹研工業内では、すべてがクリアです。前月の売上額や時期別実績がすべて公開されています。さらに、職員は、社長の月給がいくらか、その月給を何に使っているかも知っています。ボーナスの時期になると、職員は「ボーナスはどれくらいですか?」と気軽に尋ねます。このような会社は、日本でも珍しいでしょう。
「会社は、職員とその家族に安心感と希望を与えるべきだと思います。安心感とは、毎月決められた日に給与を受け取ること、決められた時期にボーナスを受け取ることです。希望とは、毎年給与が少しずつ増えていくことです。それを可能にしようとするなら、職員が自分の能力を十分に発揮できるように会社が助けるべきです」

▼解雇も定年退職もない！　死ぬまで働こう！

松浦社長が職員に安心感を与えるやり方は、これだけではありません。この会社に入った瞬間から「解雇」も「定年退職」もないのです。解雇がない理由は簡単です。会社でやりたいことが見つからなかったり、会社とスタイルが合わなかったりする人は、自ら辞めていくからです。今まで、会社が職員を解雇したことは一度もなく、ここ五年間の職員の離職率は一％に過ぎません。

また、世界的に「定年退職」は当たり前になっています。しかし、松浦社長の考えは違います。

「年を取ると、体力は衰えますが、頭脳まで低下することはありません。むしろ、熟練した技術や現場の経験を後輩に伝えることができます。そのような社員を辞めさせることは、会社にとっても大きな損失です。それに、寂しく定年退職していく先輩の姿を見て、三十～四十代の後輩がその会社に愛着を感じるでしょうか。将来に対する不安で仕事に集中できないでしょう」

松浦社長は、年配の人を大切にしています。職員が安心して働くことができる会社の雰囲気、それは、働く意欲を起こさせる重要な要素となっています。

生産管理部の荒井さんは六十六歳、勤続二十四年になります。他社に勤めている彼の友人はすでに退職しましたが、彼は会社から一度も退職を勧められたことはありません。彼もやはり、他の会社に移りたいと思ったことは一度もありません。会社への所属感と愛社精神が強いからです。

荒井さんより年上の人もいます。今年七十七歳になる山崎さんです。彼は六十歳で他社を定年退職した後にこの会社に入り、成型を終えた製品を調合する仕事をしています。

さらに、この会社はいつでも再就業が可能です。何年か外国に語学研修に行って帰ってくる社員もいれば、十年離れていて会社に復帰する社員もいます。清水さんは子どもを出産して十年間専業主婦をした後、一年前に仕事に復帰しました。

「以前の同僚がそのままいたので安心しました。もちろん、同僚や後輩は昇進していましたが、だからといって困ったことはありません。私の仕事は、十年前と全く変わっていなかったからです」

十年前と同じ仕事をすることができ、気心の知れた同僚がいたため、彼女の社会復帰は何の問題もありませんでした。これは、樹研工業が「水平的な関係」を重視しているために可能なのです。

課長や部長はいますが、互いに名前で呼び合います。上司なら〇〇さん、年下の社員なら〇〇君と呼ぶのです。年長者や経験者を重んじる反面、仕事においては水平関係を維持しているのです。

樹研工業の全社員は「世界最高」を目指しています。小さい製品を作る時は世界で一番小さい製品を、精密な製品を作る時は世界で一番精密な製品を作ろうとします。「世界最高」を目標にするなら、人は情熱を持って自分自身を奮い立たせようとするものです。その情熱が人を変えていきます。バイクで道を暴走していた若者が、十年後にはしっかりした技術者になっていくのです。

「私は、会社に出勤する時が一番楽しいです。会社に行って、誰に一番先に出会うかワクワクし、社員の話を聞くことがとても楽しいのです。社員が、社長の私よりも良い車を買えばうれしく思い、長年いる社員が会社に愛着を持っているのを見ると、温かな気持ちになります」

楽しんで働いている経営者と、熱心に働く社員たち。樹研工業が一九七五年のオイルショックの時を除いて、常に黒字を保っているのは、もしかするとごく当然のことかもしれません。

ファン経営の核心

どうすれば、ファン経営を効果的に実践することができるでしょうか。効率的な経営と高い生産性のために、ファン経営の実践方法を学んでみましょう。

一、会社を楽しい場所にする

一つは、各種のイベントを行うことです。サウスウエスト航空は、職員だけでなく、顧客も一緒に楽しめるイベントをよく開いています。クリスマスパーティー、ハロウィンパーティー、ゲーム大会、パジャマパーティーなど、聞くだけで楽しくなるようなイベントです。韓国の企業もいろいろなイベントを行っていますが、職員は仕事の延長と考えて、かえってストレスを感じています。自発的に参加するというよりは、強制的だからです。これは、職員の意見が反映されていないからです。言い換えれば、職員が本当に望むイベントを行うなら、皆が楽しく参加できるということです。そのためには、イベント自体を職員が自発的に計画して行う雰囲気を作らなければなりません。

社内にユーモア掲示板を作るのも良いでしょう。お金も時間もかかりません。新聞や雑誌に載っていた面白い漫画、ユーモアなどを貼っておけばよいのです。このような場所を作っておけば、普段から社員が面白い会話や軽い冗談を楽しむ助けとなるでしょう。

昼食の形態を変えてみるのもいいかもしれません。例えば、一週間に一回各自がおかずを持ち寄り、分け合って食べてみるのです。料理には作った人の個性と哲学が込められているものです。料理を一緒に分け合って会話をすると、職員の仲がずっと親密になり、楽しくなるでしょう。

会議をカジュアルに行ってみるのはどうでしょうか。アメリカでは、茶菓を囲んで会議をしたり、勤務中に散歩をしながら仕事の話をしたりします。厳粛に行う会議も必要ですが、少し違った形で会議をすると、笑う機会が増えるでしょう。笑う機会が増えれば、独創的で生産的な意見が出るようになります。職員を堅苦しい雰囲気に追い込むと、かえってアイデアは出なくなるものです。

現代のマネジメント思想をつくったトム・ピーターズはこのように言っています。

「ある企業が秀でた成果を上げたとしたら、それは活気にあふれた環境を作り上げた結果である」

活気にあふれた環境とは、明るさとユーモアのある雰囲気、社員一人一人が持つ意欲、より良い製品とサービスを提供するために喜んで努力する意志で成り立っているのです。

二、職員の「リーダーシップ」を育てる

ここでのリーダーシップとは、主体性を持って業務の責任を果たすリーダーシップのことです。樹研工業の社長のように、職員個人に権限を与えると良いでしょう。人は、権限が与えられると、責任感を持つようになります。もっと良い仕事をしようと思い、自然と仕事が楽しくなるのです。

ジンス・テリーさんは、自分が体験したパーティーを例に挙げました。十五年前、彼女が働いていた会社でパーティーが開かれました。彼女はドキドキしながら会社に行きましたが、それはおよそパーティーと呼べるようなものではありませんでした。パーティーはまるで切り分けられたよう

に、経営者や管理職同士、工場の労働者同士、同じ仕事をしている人たちの間でも白人は白人だけ、移民者は移民者だけが分かれて集まっていたのです。その上、一般の職員や労働者は、高いパーティー料理には見向きもせず、自分で持ってきた料理を電子レンジで温めて食べていたのでした。

彼女がその理由を調べると、ヒスパニック（スペイン語を話す中南米出身の移民者）、中国人、アフリカ人など、多様な人種がいる工場労働者は、それぞれ好む食事が違うということが分かりました。中国人は中華を好み、ヒスパニック系はサルサソースとチップス、アフリカ人は牛肉は欠かせないと言います。そしてアメリカ人は、世界で一番おいしい料理はハンバーガーだと言いました。後に彼女が管理職についた時、パーティーを開催しましたが、その時には職員に各自、焼いて食べたい材料を持ってくるようにと伝えました。そして、得意な分野を担当してほしいと頼みました。すると、職員はハンバーガー、肉、カキ、タコなどを持ってきました。彼らは肉を切る、下味をつける、その肉を焼くなど、それぞれが得意なことを担当し、責任を持って楽しそうに動き出したのです。労働者たちは自分の意見が反映されたパーティーを通して、自分も会社に意味のある存在であると感じ、それからは会社の収益を増やす多様な意見を出すようになったのです。会社は大きく成長し、職員の給与も上がりました。

三、経営者は、社内で「コミュニケーション」が円滑になるよう導かなければならない

ジンスさんは、アメリカの会社で初めて会議に出席した時、あまりにも退屈で死にそうになった

ことを覚えています。上司が書類を配り、あれをしろ、これをしろと言うばかりでした。

「私だったらこうするのに……。これは、こうしたらどうだろう？」

彼女は言われた通りにするだけより、主導的にやりたかったのです。

ジンスさんがファン経営を始めた時、彼女は新しい形態で会議を進めました。昨日の夕食は家族と楽しく過ごせたか、子どもたちは元気でいるか、週末に買った品物は気に入ったのかなど、個人的な会話から会議を始めたのです。職員たちはまるでカフェで話しているかのように心を開いていき、アイデアが次々と出てきました。

会議とは、職員の頭の中にある多くの考えを引き出すためにあります。ところが、多くの社会人は、会社にすべてをささげなければならないという被害意識にとらわれて、心を開くことができないのです。職場に通うほとんどの人は、二つの希望を持っています。一つは、自分が身を置いている会社が成長することと、もう一つは、自分もやはり成長していくことです。ですから、会社は職員の個人的な成長も念頭に置き、良質の教育や報酬を与えることに奮闘しなければなりません。

最近、アメリカの多くの会社が、職員にお金と経済の教育をしています。また、コミュニケーションスキルやリーダーシップも育てています。つまり、会社が職員を雇ってお金を稼ぐだけでなく、職員個々の成長も助けるのです。配偶者と対話するコツ、子どもと対話する知恵、子どもにより良い環境を提供する方法などが、教育プログラムには含まれています。

ある会社は、お金の流れと財テク方法を教えた後、職員の業務効率性が上がりました。講義を聞いた職員が自ら財テク方法を見つけ、収入が増えて家を購入しました。良い環境で子どもを育てると、家族の仲が良くなったという人が増えました。家庭が平和なので、肯定的で楽しい心が生まれ、仕事もうまくいくようになったのです。

会社は、ただ社長に忠誠を尽くす場ではなく、社員自身が成長できる学び場であり、同僚と楽しさを共有する場とならなければなりません。

四、職員の創造性を育てる

企業や組織において、創造性とは効率的な雰囲気を意味します。創意に富んだ職員により、会社に必要なアイデアが生まれ、業務推進力が上がってきます。ペプシコーラとアップルコンピュータでCEOとして働いていたジョン・スカリー氏はこう話しています。

「創意に富んだ職員は、多様な思考と興味を誘発する明るい雰囲気を望みます。従って、堅苦しくない勤務環境が、職員の創造的な考えを刺激する重要な役割を担っていると考えられます」

明るく、楽しい雰囲気が作られると、職員が創造的に考えて行動するようになり、会社の発展に大きな役割を果たします。また、職員の創造力開発のためには、失敗に対する寛容さ、成果に対する称賛と励ましがなければなりません。

五、職員に経済的な安心感を与えなければならない

会社が職員に笑いを強要しても、楽しい職場にはなりません。サウスウエスト航空や樹研工業の職員が、仕事を楽しいと考える根本的な理由は、経済的な安心感にあります。サウスウエスト航空は、年間所得の十五％を職員に分配しています。

樹研工業は、同規模の会社に比べて給与が高く、会社の収益を透明に公開しています。売り上げが増えるとボーナスが支給されるので、職員は自分が受け取る給料にいつでも納得しています。この二つの会社は、職員を解雇するということがほとんどありません。

能力に対して低い給料や、いつ解雇されるかわからない恐れの中では、笑うことができません。ロバート・レベリング博士は、企業が職員に安心や幸福感を与えることができなければ、決して成長することはできないと言っています。職員が会社に対して安心感や幸福感を感じることができなければ、業務を楽しむことができず、会社の業務効率性は上がらないからです。

ファン経営は、どのようにすれば働くことが楽しい職場を作り、楽しい商品、サービスを作ることができるかを考える経営戦略です。結局、会社を成長させようとするなら「楽しい空間」に生まれ変わらなければならず、経営者は自ら「楽しい人」にならなければならず、職員は「楽しく働く人」にならなければならないのです。

○ファン経営とは

1　会社を楽しい場所にする

2　職員のリーダーシップを育てる

3　経営者は会社内に円滑なコミュニケーションがなされるようにする

4　職員の創造力を育てる

5　職員に経済的な安心感を与える

Part III 笑うと幸せになる

子どもたちの幸せな未来は笑いにある

勉強が楽しいハロルドウォーカー小学校の子どもたち

アメリカのオハイオ州ケントンにあるハロルドウォーカー小学校では、放課後になると笑い声が校内に響き渡ります。

「一人が笑うと、全世界が笑うようになると言います。皆で笑いのスローガンを叫んでみましょうか？」

先生が声をかけるとすぐに、子どもたちは教室の端にある大きなテーブルに腰かけて、歌を歌い出しました。

「ぼくらは笑いクラブの生徒♪　笑い方を知っている♪　笑い方を知っている～」

笑いの歌で雰囲気が乗ってくると、生徒が順番に前に出てきて自分が知っている面白い話や失敗談を友だちに披露します。

「ぼくが小さい時の話です。一人でお風呂に入っていました。その時、姉が大声で『こら！　おぼれて水を飲む前に、早く浴槽から出なさい！』と言いました。ぼくはとても驚いてひっくり返り、水を飲んでしまいました」

「車が一台止まって、二人の男性がジャックに近づいてきました。ジャックが二人に『目が赤いですね。お酒を飲んだでしょう?』と聞くと、二人は『あなたの目は茶色ですね。ドーナツを食べたでしょう?』と言いました」

教室は、いつの間にかにぎやかな笑い声とユーモアであふれていました。これは正規の授業が終わった後の、ハロルドウォーカー小学校だけの笑い授業です。どのような理由でこのような授業を始めたのでしょうか。

オハイオ州の教育方針は、すべての生徒がすべての教科課程を終えなければならないと明示しているほど厳しいものです。しかし、中には学校が好きではない生徒や勉強が嫌いな生徒もいます。ハロルドウォーカー小学校では、そのような生徒に、学校に通う楽しさを感じてもらうためにこの授業を導入したのです。教室で笑いとユーモアを感じられれば、学校が嫌いな子や、勉強ができないと感じている子どもが楽な気持ちで学校に来ることができるからです。

笑いの授業は、文字通り生徒を笑わせる授業です。初めは資格を持った笑い団体の代表が授業の指針やいろいろなアイデアを出す助けをしました。六年間、笑いの授業はいつも決まった時間に始まり、決まった時間に終わり、限られた時間内で最大限笑って楽しむ練習をしてきました。

最近の笑いの授業は、生徒の代表二名が導いています。授業の一段階は、深呼吸体操です。良い空気を吸い、悪い空気を吐くという気持ちで深呼吸をします。二段階は、指や肩のストレッチによる準備運動です。三段階は、笑いの号令と笑いの歌です。四段階は、生徒が自発的に笑いを生み出す本格的な笑いの時間です。四段階で子どもたちは、失敗談やユーモア、面白いことをして友人を笑わせます。授業をやり続けるにつれて、子どもたちは新しい笑いを生み出していきます。

この学校で六年間放課後の笑い授業を行っているテフィー・リン先生。彼女は、笑いのおかげで子どもたちが勉強に一生懸命取り組み、友人や家族とも仲良くできるようになったと語ります。

「笑いの授業を始めるまでは、授業中に全く発言しない生徒が多くいました。ところが、笑いの授業を始めてからは、そのような生徒から先に笑い始めたのです。笑いなさいと強制したわけではないのに、自発的に笑うようになり、学校生活や勉強にもだんだん興味を示すようになりました。笑いの授業は、勉強が好きではない子どもたちに、新しい世界を開いたのです」

▼笑いの授業後、子どもたちはこのように変わった

この学校で一番劇的に変わった生徒はアダム君です。アダム君は四年生の時、停学させられたほどの問題児でした。エネルギーがありすぎて、いつも大声で叫んでは、友だちをいじめていました。学校に戻ってからも、相変わらず学校が嫌いで、再登校初日から問題を起こしました。

ところが驚いたことに、アダム君は笑いの授業でスターになったのです。最初は一人で笑っていたのですが、だんだん他の生徒を笑わせ、笑い授業を引っ張っていくほどに変わりました。成績もAやBを取るほど向上しました。良くなったのは成績だけではありません。笑いの授業を始めてか

らは、自分のエネルギーのすべてが笑いの授業に向かうようになりました。誰よりも大きく笑い、友だちを笑わせるようになったのです。

アダム君は、家族に笑いの効果を熱弁するほど笑いの力を信じています。おかげで、家族も明るくなったということです。

「息子は大声で叫んでばかりいた子でしたが、今では笑うためにエネルギーをためておくのだと言っています」

アダム君の母親の言葉です。アダム君は有名なサッカー選手になって、母親に素敵な家と車を買ってあげるのが夢だそうです。

▼笑いは人との絆を作る接着剤

子どもたちが笑いすぎると、クラス全体が集中力を失って学習の妨げになるのではないでしょうか。テフィー・リン先生は、その点においてどのように対応しているのでしょうか。

「笑いの授業は始まる時間と終わる時間が決まっており、時間も二十分に限定されています。毎日笑いの授業を行うと、子どもたちは、笑ってよい時と笑ってはいけない時を訓練されるようになります。そのため、テスト中に笑ったり、勉強中に注意力が散漫になったりすることはないのです」

むしろ、笑いの授業が子どもたちの集中力を高める助けになるというのです。笑いの授業を行うと気分が良くなって、授業中は勉強に集中できるというのでした。

ハロルドウォーカー小学校は一カ月に一度、近くのベタニー老人ホームでボランティア活動を行っています。子どもたちは老人ホームの入居者と一緒に笑いの授業をし、楽しい時間を過ごします。

老人ホームの笑いグループの時間は、ストレッチで体をほぐし、深呼吸をして始めます。職員ボランティアが「歓迎の笑い」を勧めると、子どもたちがおじいさん、おばあさんたちと目を合わせて声を上げて笑います。お年寄りにとって、エネルギーの塊である子どもたちは、それだけで喜びを与えてくれます。

子どもたちは、老人ホームでおじいさん、おばあさんに本を読んであげたり、車いすを押してあげたりします。自分が誰かの力になれるという経験のおかげで、自分自身と周りの人たちを大切に思うようになりました。

ハロルドウォーカー小学校では、アダム君の他にも学校が嫌いな子が一人いました。ある日、その子のおじいさんが学校へ訪ねてきて、先生の手を握りながら涙を流しました。孫がベタニー老人ホームで活動するようになったおかげで、学校と自分自身を好きになることができたというのです。

笑いは人との絆を作る接着剤のようなものです。笑いの授業と笑いグループを通して、この小学校の子どもたちの態度は大きく変わりました。勉強に興味を持ち、集中力がつき、友だちや家族、周りの人たちと共に生きるすべを学んだのです。

子どもが正しく成長するために、私たちも笑いを教育に取り入れるべきではないかと思います。

笑いの授業の先生

普段の授業の中で、笑いはどのように導入されているでしょうか。私たちは、別のモデルをアメリカのベツレヘム・セントラル中学校で見つけることができました。この学校の教師であるジャック・ラインマイアー先生は、笑いの英語授業で有名です。これはいわゆる「国語」の時間です。生徒が難しいと思いがちな作文とディスカッションをより楽しくするために、彼は「ユーモア」を主題に授業を進めています。

私たちが彼の授業を見学に行った日、黒板にはこのように書かれていました。

「ユーモアは態度である」

彼は、その気になれば、笑いの題材を簡単に見つけることができると強調します。周りで起こっているあらゆることを面白くとらえるか、とらえないかは、私たちの態度にかかっているということです。

特別な事件に限らず、私たちの周りには大笑いする話のネタがたくさん転がっています。先生は、近頃の商品にどれほどおかしな注意書きが書かれているかについて話し始めました。

アイロンの注意書き「体にアイロンを当てないでください」

睡眠薬の注意書き「眠気を引き起こします」

クリスマス用イルミネーションの注意書き「室内と室外でのみ使用してください」

スーパーのピーナッツの箱の注意書き「注意！　ナッツが入っています」

今度は生徒が立ち上がって、自分が知っている面白い注意書きについて話し始めました。

「頭痛薬の注意書きを見ると『この薬は視覚障害、聴覚障害を生じ、死に至る可能性があります』と書かれていました。頭痛を一度なくすために、死ぬこともあるというのです」

「あるパンの包装紙には『焼くと温かくなります』と書いてあります」

「アメリカン航空の機内で配られるナッツには、食べ方が書いてあります『一、袋を開ける。二、ナッツを食べる』袋を開けないで食べる方法があるというのでしょうか？」

教室のあちこちで笑いが起こりました。そんなおかしな注意書きがあるとは知らなかったという驚きです。

普通の国語の授業は、本を読んでディスカッションしたり、文章を書いたりする時間が多くて退屈になりがちです。しかし、生徒が笑える授業にすると、気軽に臨むことができます。

実際にジャック先生は、笑いのある授業とそうでない授業をビデオに録画したことがあります。すると、笑いのある授業では、確実に生徒の自発的な参加度が高かったのです。毎時間、五分ずつ作文の時間を設けても、問題なく文章を書きました。先生が導くままによく笑う授業の生徒は、作文も難しく考えず、描写力も秀でていました。

作文を書き終えた生徒の一人が、自分の失敗談をためらわずに発表しました。五歳の時に、ゴルフ場でおしっこをしたのですが、そのおしっこがゴルフコースに沿って流れて行き、とても恥ずかしかったというものでした。皆、机をたたいて大笑いしました。この生徒が、このような恥ずかしい話をためらわずに話せるのは、友だちが自分をばかにしないと信じているからです。その信頼は、一緒に笑った時間に比例します。

「私が教えている中学一年生は、成長過程においてとても多感な時期です。身体的に多くの変化があり、勉強する科目と学習量も以前と比べて多くなります。その不安な感情を笑いで解消させてあげれば、学校生活を肯定的に受け止めることができ、学習能力も向上します」

ジャック先生が教える生徒の中で、一番笑いの効果を実感した例は、中国から移民してきたジョン・ハイラー君です。ジョン君は英語が苦手で、授業にうまく適応できませんでした。最初は、教室の一番後ろに座って授業を「参観」するだけで、先生が他の生徒に紹介しても「ハロー」というのが精いっぱいでした。

ところが、授業中に生徒がよく笑うと、ジョン君は、友だちがなぜ笑うのかが気になり始めました。クラスの友だちが笑うたびに少しずつつられて笑い、何週間か後には彼の警戒心も解けました。英語の時間を気楽に感じるようになったのです。失敗しても友だちがばかにしないと思えた時、ジョン君は自分が作った詩を発表しました。中国からアメリカに移民した話を詩に書いたのですが、その詩にはユーモアが込められていて、クラスの友だちに好評でした。少しずつ安心感と自信を回復したジョン君は、転校して四カ月後には驚くほど実力が向上したのです。

「笑いのある授業は、生徒がリスクを受け入れ、新しいことにチャレンジするのを助けます。ジョン君が前に出て詩を読んだ姿を忘れることができません。彼は、教室で笑う友だちのおかげで心が変えられ、英語の授業が好きになったのです。その上、数カ月後には英語の実力がずいぶんついたのは、本当に驚くべき結果です」

学級崩壊を防ぐために生まれた日本のお笑い教師同盟

一九九七年、日本では、小学校の「学級崩壊」が大きな話題となっていました。この学級崩壊の状態を打ち破ろうと「お笑い教師同盟」が作られました。私たちは、この団体の代表である上條晴夫氏に会い、くわしい話を聞くことができました。

「一九九七年当時、日本の小学校に吹き荒れた学級崩壊は、想像を絶するほどでした。それまでの理想的な授業のモデルとは、先生は教え、生徒は静かに聞くというものでした。ところが、子どもの統制がきかず、教室はまとまりがありませんでした」

このような危機を打ち破るために、様々な方法が模索されましたが、そのうちの一つが「笑い」でした。お笑い教師同盟は、授業に笑いを取り入れる多様な方法を試していきました。

「生徒を観察していると、マンガ『クレヨンしんちゃん』に出てくるしんちゃんの話し方をまねする子がいました。それで困っている先生がいたのですが、子どもがそのような行動をする時には理由がありました。新学期が始まった時や転校してきた時、友だちとうまくつき合えない時に、そのようなまねをするのです。つまり、友だちの間で自分の居場所を確保するために冗談を言っていたのです」

そのような子どもは、冗談で友だちを笑わせた後、授業に集中するという特徴が見られました。このことに着目した上條氏は、子ども同士の緊張感をなくすために、授業に笑いを取り入れることにしたのです。意識的に子どもを笑わせると、確かに教室の雰囲気が良くなり、授業中の集中力も上がりました。

授業に笑いを取り入れる方法は二つです。まず、先生が直接生徒を笑わせる方法があります。コメディアンのように「うわぁ。驚いてひっくり返るかと思った!」と大げさなジェスチャーをしたり、冗談を言ったりするのです。

先生が授業を楽しく進めるために、物を使うことも効果があります。上條先生は大仏について教える時、大仏のお面をかぶって教室に入りました。すると、生徒はびっくりして笑いながら質問をしていきました。

「君は誰?」

「いつ、どこで生まれたの?」

「誰が作ったの?」

お面をかぶった先生が面白く答えると、生徒はより簡単に楽しく情報を覚えるようになったのです。授業では、単純な暗記が必要なことも多いのですが、無条件で覚えなさいと言うと、ストレスで子どもが緊張してしまう恐れがあります。このような時、先生がいろいろな物を使って面白い演出をすると、子どもは楽しく授業に参加することができます。

しかし、教師一人で生徒を笑わせるには限界があります。教師はコメディアンではないからです。お笑い教師同盟は、子どもを笑わせるいろいろな方法を研究した結果、一番理想的な教師の役割は、笑いが起こる空間を用意してあげ、子ども自身がその中で楽しさを見つける手助けをすることだという結論を出しました。子どもは自ら笑う能力を持っているからです。

授業にゲームを取り入れるのも、笑いを誘う良い方法です。社会の授業で「各国の首都を当てる」ゲームをするとか、科学の授業でチーム別にクイズに答えるなどです。このようなゲーム形式の授業は、間違った答えも多く出るので、そのたびに生徒は大声で笑います。その笑いによって教室の雰囲気が良くなり、先生が生徒をまとめやすくなるのです。

▼楽しい教室が見せた驚くべき笑いの効果

よく、教室で生徒が笑うと授業の雰囲気が悪くなると言われます。しかし、お笑い教師同盟は、正反対の結論を出しました。静かに授業を導くより、笑いを学習に導入した時の方がずっと生徒の集中力が上がったのです。上條氏によると、教室での笑いの効果は、大きく分けて三つに整理することができるそうです。

一、生徒の表現力が上がります。笑いこそ、感情の「正直な表現」だからです。教室でひとしきり笑いが起こると、消極的な子どもも、より積極的に変わります。これまで生徒は受け身で知識を受け入れることに慣れていましたが、これからは生徒が自ら自己表現できるようにする教育が必要です。

二、学習に対する集中力が上がります。歌やゲームを取り入れて授業をする時、子どもは騒がしい中でも集中力を発揮します。特にゲームでは、何が何でも勝とうとするため、雑念が入り込む余地がないのです。また、難しい科学の知識や歴史も、歌やゲームを通して楽しく学ぶと、ずっと簡単に覚えることができたのです。

三、「いじめ」が減ります。数値的なデータを出したわけではありませんが、教師が観察した結果、笑いのおかげで教室の雰囲気が温かくなったのです。いじめは、子どもが「自分と他人」を認めることができないところから始まります。つまり、考えが違う人とのコミュニケーションに問題が発生するところにいじめが生まれるのです。そのような状況に笑いを適用すると、子ども間の人間関係が良くなり、他人を受け入れる態度を持てるようになります。同じ空間に他人がいることを煩わしく感じるのではなく、かえっていろいろな人とつき合えて良いと認識するようになるのです。

上條氏は、笑いの効果を最後に悟るのは教師であると指摘しています。テレビでも、情報番組がだんだんバラエティー番組に変わっていき、子どもは少しずつ華やかな文化に慣れてきているのに、教師は何十年前と同じ態度を維持しています。先生が生徒を笑わせるからといって、体面が失われるということはありません。

「笑いは、人間関係や教室の雰囲気を良くする役割をします」

笑いの教室を心配する生徒の親や教師に、上條氏が言った言葉です。

よく笑う子どもが勉強もできる

心理学者は「よく笑う子どもは勉強ができる可能性が高い」と言っています。なぜなら「笑い」は自信を表すものであり、自信のある生徒は失敗を恐れず、あらゆることに意欲的にチャレンジするからです。勉強ができるためには、記憶力と創意性が必要です。記憶力は先天性であることが多いのですが、創意性は後天的な努力によって訓練されることが多いのです。

創意性は問題を解決しようと努力する過程で習得するものです。数学を考えてみると理解しやすいでしょう。数学の問題は、答えや解説を先に見て解くと、全く実力がつきません。難しい問題でも、自分の力で解くことで「答え」につながるたくさんの方法を見つけることができます。つまり、時間と努力に比例して、創造的な頭脳が発達します。論文も同じです。ただ知識を暗記したり、誰かに教えてもらったりしたからといって、論文の力がつくわけではありません。何度も、読んで分析して書く訓練を通して力がついていくのです。創意性のある生徒は、成長していけばいくほど問題解決能力に秀でていきます。

他人を笑わせることができ、よく笑う生徒は、なぜ創意性があるのでしょうか。それは「肯定的な生活態度」と深い関連があります。前述した通り、笑いは自信の表れです。他人を笑わせることのできる生徒は、自分の能力に対して自信を持っています。自分に対するプライドと他人から寄せられる信頼が自信を形成するのです。

自信のある生徒は、大変な状況に陥っても簡単にあきらめません。うまくいくという肯定的な心理のおかげで、自分に与えられた課題を「楽しいもの」として認識し、意欲的な態度で解決します。

創意性のある生徒は、自分で勉強法を見つけ出します。同じサッカー選手が試合に臨んでも、監督の戦術によって勝敗が分かれるように、勉強も、自分が得意な科目と不得意な科目をどのように攻略するかによって成績が違ってきます。難しい問題に最後まで取り組むためには、「自分はできる」という自信と「必ずやってみせる」という肯定的な意欲がなければなりません。

よく笑う生徒は自信と肯定的な態度を持っているため、時間とエネルギーを効果的に使って良い成績を残します。他人に対する思いやりを持ち、良い人間関係を維持することもできるのです。

心理学者の研究によると、ユーモア感覚がある子どもは自尊心が強いため、自信にあふれて行動し、ストレスを笑いによって解消しやすいのです。ストレスに勝てるということは、勉強の集中にもつながります。アメリカのエル・アンダーソンは、笑いと学習の関係について、次のような研究結果を発表しました。

○笑いが学習に与える影響

・学習の理解と記憶を助ける
・肯定的な学習の雰囲気を作り上げる
・生徒の学習参加度を高める
・注意力と理解力を助ける

・生徒の自負心を開発する
・生徒の悩みを減らす
・生徒と教師の人生の質を高める

ソウル大学医大のソ・ユホン教授は、著書の中で「勉強を遊びのように面白く」しなさいと勧めています。無理に勉強をさせると記憶力が減退しますが、楽しい気持ちで勉強すると学習効果が高く、記憶力も向上するというのです。

ソ・ユホン教授が所長を務めているソウル大学認知科学研究所は、ネズミを使って、ストレスを与えた時に生じる記憶力の変化を観察しました。すると、ストレスを与えられたネズミは記憶力が顕著に落ちるという結論が出ました。これは人間においても言えることであり、勉強しろとせきたてて、受験生にストレスを与えるよりは、楽しい気分にさせる方が効果的だということです。

よく笑う子どもは、社会でも力を発揮します。人はよく笑う人に好感を持つからです。笑いの中で育つ子どもは、創意性があり、独立心旺盛で、すべてにおいて積極的です。学校ではもちろん社会でも、自分の役割を十分に果たす人に成長します。ですから親は、子どもがよく笑うよう励まし、たくさんほめるべきです。また、時間を割いて一緒に遊び、よく笑える環境を作ってあげることも大切です。

親の笑いが子どもを幸せに導く

「子どもは大人の鏡である」

子どもは、大人の行動をまねます。では、あまり笑わない親は子どもにどのような影響を与えるのでしょうか？

七歳のミンホ君（仮名）は、漢字を三千字も覚えているほど知能が高い子どもです。しかし、何をするにもひどく緊張するため、友だちとうまく遊べずに一人で部屋に座って英語のカードや漢字を眺めています。また、緊張のせいで、新しい物に触れたり、新しい場所に行ったりすることを極度に嫌います。

小学四年生のジュンミン君（仮名）はＡＤＨＤ（注意欠陥・多動性障害）です。テコンドーをしていても、自分がたたかれたと感じると怒りを抑えることができません。練習が終わった後も、怒りを鎮めることができないのです。

私たちは、二人の両親が普段どのくらい笑っているかを知るために、一つの実験をしました。人気のあるお笑い番組のビデオを見せ、彼らがどれくらい笑うか調査しました。驚いたことに、二人の親は番組を見ている間、ほとんど笑わなかったのです。しかし、同年代の男女のグループに同じビデオを見せたところ、彼らは比べものにならないほど笑ったのです。

小児精神科専門のオ・ウンヨン教授は、傷ついた子どもには、親がたくさん笑ってあげなければならないと強調します。普段の親の感情表現が、子どもの情緒発達と行動に大きな影響を与えると言います。しかし、ミンホ君やジュンミン君の親があまり笑わないのには理由がありました。

ミンホ君の父親は人並み以上の「忍耐力」があります。人前に出ていけないミンホ君に腹が立っても、自分の内で消化し、外に表しません。普段は仕事が忙しく、子どもと一緒に過ごす時間はそれほどありません。

ジュンミン君の父親は、子どもが自分の行動をコントロールできず、学校の先生や友だちから嫌われていることに心を痛めています。人を捕まえていちいちその症状について説明することもできず、ジュンミン君の父親は、今までずっと苦しんでいるのです。

普通の子どもと少し違うという理由で、自分の子どもが人のうわさ話に上がり、母親もやはり長い間笑うことができなくなっていました。もし、二人の親が笑いを取り戻したら、二つの家族にどのような変化が起きるでしょうか？

私たちは四週間かけて、両親がよく笑うと子どもはどのように変化するのかを見守ることにしました。

▼両親が笑うと、子どもも笑って幸せになる

まず、両家族に渡された処方は「笑いのライン越え」と「緊張を解くための日記」、そして「子どもと遊ぶ時間を持つこと」でした。普段笑わないため、無理にでも笑う場所を作ったのです。笑

いのラインとは、リビングの真ん中にテープを貼っておき、そこを越えるたびに必ず笑わなければならないという線です。落ち着いた大人には照れくさい場所です。

「まず、親が笑う姿を見せなければ、子どももまねすることができません。両手をたたいて笑ってもいいし、笑顔を浮かべたり、楽しそうな表情をするだけでも構いません。子どもがつられて笑えるように行動してください。子どもが『えっ？　何でそんなことするの？』と聞いたら、楽しく笑えば人生がうんと楽しくなると教えてあげるとよいでしょう」

笑いの訓練が始まって四週間後、再び両家族に会うと、表情が明るくなったようでした。ミンホ君の両親は、笑わなければならないという強迫観念から抜け出すのに、二週間かかったと言いました。

「ラインを踏んだら笑わなければならないというプレッシャーで、はじめは心が重くなりました。ところが、何度も笑いのテープの上を行ったり来たりして笑う練習をしたところ、だんだん笑うことが自然になってきたのです」

ジュンミン君の両親も、これまで子どもが何か失敗するのではないかと常に気をもんでいましたが、笑いの訓練を始めて、自分が子どもにどんな表情を見せているかを考えるようになりました。そして、子どもの過ちを指摘するより、ただ笑いながら一緒に遊んであげることが一番良い家庭教育であるということを悟ったのです。

「私たちは、表情を見てその人の感情を読み取ります。イライラや怒りの表情で子どもに接すると、子どもは両親の感情を感じ取るものです。親が怒っていると思った瞬間、子どもは気後れして自分の感情を正直に表現できなくなってしまいます」

オ・ウンヨン教授の言葉通り、子どもは親が自分を見て笑う時、自信を持つようになります。誰かが自分を愛しているという確かな信頼、それは、子どもに肯定的に作用し、より積極的で社会的な人に成長させます。ミンホ君とジュンミン君のように、普通の子と少し違った難しさを経験している場合には、両親の温かい笑いがより切実なものとなります。

親は自分の子どもを愛情にあふれた表情で見ているか、楽しい気持ちで接しているかを常に考えなければならないと専門家は主張しています。

両親が子どもに厳しい表情で接していれば、子どもの心は少しずつ委縮していきます。特定の状況に対する感情表現ができなくなり、社会性の訓練に困難を覚えるようになるかもしれません。

ミンホ君とジュンミン君の場合、両親が規則的に時間を決めて遊んであげることも重要です。簡単な風船遊びやしりとりでも、子どもは熱中して楽しみます。その中で、感情を自然に表すすべを学び、他人と楽しく時間を過ごすノウハウも体得するのです。

いつも静かだったミンホ君の父親は、子どものためにベッドに一緒に寝転んで遊ぶようになり、笑う親になろうと努力をしました。ジュンミン君の父親は、家族と一緒に笑いのラインを行き来しながら、楽しく幸せな雰囲気を作ろうと努力しました。

▼子どもを育てるのは、成績でも塾でもなく笑い

両親がよく笑い、遊んであげると、子どもも変わりました。ミンホ君はもう、見知らぬ人に会ったり、新しい場所に行ったりすることを怖がらなくなりました。見知らぬ人に自分から話しかけるほどに変わったのです。怖がっていた自転車にも乗り、今ではアパートの敷地から出て、道路を走り回っています。ジュンミン君も変わりました。友だちとテコンドーをしてたたかれても、前のように極端な態度を取らなくなりました。

いつも笑顔で励ます両親のおかげで、感情をコントロールする方法が少しずつ分かってきたのです。ミンホ君とジュンミン君にとって、笑いは恐れていた世界に勇気をもって近づいていく頼もしいパートナーとなったのでした。

アメリカ南西部のある先住民部族は、新しく生まれた子に「笑いの親」を決めるという習慣があるそうです。一番先に子どもを笑わせた人が、その子の「笑いの親」となるのです。

こうして決められた親と子どもの関係は、一生続きます。つらく苦しいことがあるたびに、子どもは笑いの親を訪ね、一緒に笑って困難と危機を克服します。そのようにして、笑いの親は一生、実の親と同じ役割を担い、尊敬されるということです。

「ドクター・スース」という別名で親しまれている作家セオドア・スース・ガイゼルは、子どもの行動の中で一番望ましいのは笑いであると言っています。子どもを正しく育てるのは、成績でも塾でもなく、笑いだというのです。

鏡を見てみましょう。子どもは親をまねて育ちます。子どもに「笑い」を与えることこそ、親がすべきことではないでしょうか。

○一番良い教育は、笑ってあげ、一緒に遊んであげること

子どもは親が自分を見て笑う時、自信を持つようになります。誰かが自分を愛しているという確かな信頼は、子どもに肯定的に作用し、より積極的で社会的な人に成長させます。

幸せは、笑いを選択する人の特権

笑いで貧しさを乗り越えたお笑い芸人

多くの人が「貧しいから不幸だ」と考えます。本当に、お金がないと不幸なのでしょうか。

心理学者によると、豊かな環境より苦しい環境で育った人の方が、ユーモアをより発揮するそうです。苦しい環境を克服するために、ユーモアを心の安全装置として選択するというのです。私たちはお笑い芸人を通して、この典型的な例を見つけることができました。

子どもの頃から、人の前に立つことが好きだったナム・ミョングンさん。小学校から高校まで、クラス委員長や副委員長を任され、友だちの間でも人気がありました。しかし彼は、勉強があまり得意ではなく、生活保護を受けるほど貧しい境遇でした。

彼はお昼の時間が一番嫌いでした。キムチしか入っていない粗末な弁当を、友だちに見られるのが恥ずかしかったのです。母親に申し訳ないと思いながら、弁当を持たずに行く日がよくありました。母親が無理に持たせた弁当を、ゴミ箱にこっそり捨てたこともありました。友だちが、なぜお昼を食べないのか聞くと「お腹の調子が悪い」と答えていました。

「勉強もできず、芸術の才能もなく、家も貧しく……。私がこの世に生まれた理由が分からず、境遇を恨んでいました。ところが、神様は誰にでも一つは才能を与えるといいます。私にとってそれは、笑いだったようです」

小学生の時に彼は、自分が先頭に立って笑わせると友だちが喜び、学校生活が楽しくなることを知りました。先生の声や表情、行動で、面白いところをまねすると、クラスの友だちが休み時間ごとに彼の周りに集まってくるのです。自分の能力を早くに知った彼は、弁論大会や作文コンクールなどに積極的に参加し、イベント部長と応援団長も任されました。すると人気が出てきて、学年が上がるにつれ、クラス委員や副委員長に推薦されるようになってきたのです。

「人を笑わせることが、私には一種の自己防衛だったのです。人より恵まれていない環境を悟られないように、人を笑わせていました。友だちはいつも笑っている私の姿を見て、何となく家が裕福だと思っていたようです」

中学、高校に進学しても、彼はユーモア一つで人気を集めました。ミョングンさんはけんかも勉強もできませんでしたが「ミョングンってすごく面白いやつだ」とうわさが広まり、いつも人が集まってきました。お昼の時間に弁当を取り出す代わりに、おはしだけを持って「俺はビュッフェスタイル」と言うと、友だちが競って自分の弁当を差し出すほどでした。

彼がお笑い芸人になると決心したのは、小学生の時に経験した、一人暮らしのお年寄りのためのボランティアがきっかけでした。一人暮らしのお年寄りの家を訪問し、ある子はマッサージをしてあげ、別な子は持ってきた果物をむいてあげました。彼は、茶目っ気たっぷりに人気芸人のまねをして踊り、お年寄りを笑わせました。ボランティア活動を終えて出て行こうとすると、おばあさんがミョングンさんに百円を渡して「おかげでたくさん笑えた。ありがとう」と言うのです。自分の芸一つで、横になっていたおばあさんが起き上がったことが驚きでもあり、不思議でもありました。

「私の家は生活保護を受けていました。私はそれをただとは思っていませんでした。大人になったら、恩恵を受けた分だけ社会に恩返しをしなければと思っていました。自分に何ができるのか考えてみたところ、人に笑いを与える能力しかなかったのです」

心が決まりました。笑いは万病に効く薬と言いますが、自分がその薬をただで与える人になれたら、何とやりがいがあるだろうと思いました。その少年が成長し、今では国民を笑わせているのです。

▼すべては心構えによる

彼は、ユーモアを発揮するためには、自信が必要だと言っています。

「ユーモアの基本は『自信』です。どんなに面白い話でも、小さな声で自信がなさそうに話せば、聞いている人は『何?』となります。お笑い芸人は、どんなに面白い笑いを考えても、審査をする監督や先輩を前に自信を持って演技できなければ、テレビに出ることはできません」

彼は、ユーモアのある人になるために必要なもう一つの要素として「肯定的な思考」を挙げています。彼が小学生の時に抱えていた不平不満——なぜ自分はこんなに貧しい家に生まれたのか——

を振り払うことができたのは、肯定的な考えのおかげでした。観点を変え、周りを見渡すと、自分より苦しい境遇の人たちが見えてきたのです。

彼は、すべては心構え次第だと分かったそうです。もし今日食べる物がなかったとしても、工場に行って一日働けば食べ物を買うことができるのだから幸せだと考えるのです。

お笑い芸人だからといって、いつも笑ってもらえるわけではありません。必死に考えたアイデアが冷たい反応だったり、先輩芸人から厳しいことを言われたりすることもあります。しかし、そのたびに彼はなぜ笑わせることができなかったのか何度も考え、新しいアイデアを出して必ず笑わせます。たった一度の収録のために、一週間のうち六日もレッスン室の寝袋で寝て、鼻血を出したり貧血で倒れたりしたこともありました。

人を必ず笑わせてみせるという根性は、社会から受けた恩恵を、必ず笑いで返すという信念から来るものです。幼い頃からの信念が、今の彼を作ったのでした。彼が見たところ、豊かで不自由のない境遇のお笑い芸人は少ないです。彼自身も、生活が豊かだったらなまけてしまい、芸人になる道を簡単にあきらめてしまっていただろうと考えます。

「お笑いをする人の多くは、苦しい環境で育っています。それでも、天真爛漫なのです。困難を笑いで克服するという楽天的な思考のおかげです」

筋ジストロフィーを克服したコメディアン

スポットライトが当てられ、客席が拍手をすると、舞台の上に立ったブラッド・リックさんがトークを始めました。

「私はルイジアナ州に住んでいます。そこの高速道路を走ると、こう感じるでしょう。ここは、書き間違えの看板が世界で一番多いところだと。スイートコーン（Sweet Corn, とうもろこし）は『Sweat Corn』と書かれています。これは『汗で濡れているとうもろこし』となります。この看板を見た瞬間、食欲が失せますよね？」

日常生活でよく見られる場面を取り上げるブラッド・リックさん。彼は、十七年間活動しているコメディアンであると同時に、補助器具なしでは体を動かすことができない筋ジストロフィー患者です。彼が患っている病気の正式名称は「顔面肩甲上腕型筋ジストロフィー」です。顔と口、肩甲骨、腕の筋肉が障害を受ける疾患です。

ブラッドさんは、自分の病気についてこう話してくれました。

「顔面肩甲上腕型筋ジストロフィーなんて、口の筋肉が衰えていく病気にしては、発音が難しすぎはしないですか。患者のために、もう少し簡単な名前をつけてくれてもいいと思うのですが……。私は、筋肉が衰えて、普通の人のように手を上げたり歩いたり、楽器を吹いたりすることができません。生まれた時から持っていた遺伝的障害で、第四染色体異常による発病です」

ブラッドさんの病気は、父親から受け継いだもので、父親は祖母から受け継ぎました。父親の五人兄弟のうち、三人がこの病気です。

ブラッドさんは、発症した当時のことをはっきりと覚えています。わずか十三歳の少年でした。他の友だちは体が成長していきましたが、自分の体はだんだん衰えていきました。病院で診断を受けた日、彼は家の中の物を手当たり次第投げつけて泣きました。友だちと比べて愉快な子どもであったブラッドさんは、それから笑わない子どもになってしまいました。自分の未来が恐かったのです。その上、弟にまで同じ症状が現れました。家族の中で体を自由に動かすことができるのは、母親のシルビアさんだけでした。

▼身体的な障害と関係なく完璧な生活を楽しんでいる愉快な家族

おそらく、普通の家族なら、家全体が暗い雰囲気に陥ったことでしょう。しかし、ブラッドさんの家族は生まれつき肯定的な人たちでした。ブラッドさんが発症した当時、父親のフランシスさんが会計士として働いていた会社が倒産しました。しかし、一年後に再就職し、一番下の社員からスタートして、最高の地位にまで上り詰めました。おかげで、子どもたちの大学の学費まですべて、父親が面倒を見ました。

「父は、私の人生の模範です。自分の限界と苦難にもかかわらず、いつも何かを成し遂げてきたのです。私たちの家のあちこちを改築しているのを見れば分かりますよね」

ブラッドさんの父親は、一九八〇年代のはじめに、家を大々的に改築しました。病気による不便さを考えて、体の不自由な人が動き回りやすい家に改造したのです。

各部屋やリビングはすべてバリアフリーで、出入り口は広々としており、家の中を電動車いすで移動できるよう空間が取られています。何より実用的なのは、個人用リフトです。筋ジストロフィー患者は、倒れたら一人で起き上がることができません。個人用リフトは、まさにそのような時に必要な道具です。倒れた時、リフトがあるところまではっていけば、人の助けなしに起き上がることができます。リフトに装着されたベルトを胸にくくりつけた後、ボタンを押せば良いのです。

この家には、自家発電機もあります。二年前に、五日間停電したことがありました。この時、母親を除く家族全員が、電気で動くリフトを使うことができず、とても不便だったのです。この経験から発電機を買い、今では停電になっても十五秒以内にすべての電気製品を使うことができるようになりました。

この家は、「自立」を目標として設計されたものです。父親の細やかな配慮が隅々まで行き届いた家で、ブラッドさんは何不自由なく暮らしています。電動車いすを乗り回し、病院と同じようなベッドで寝ます。リフトを利用してシャワーやトイレも一人で済ませることができます。玄関のドアを開けたり電気を消したりするのは、リモコンボタン一つで操作できます。これは、自分に与えられた状況の中で、より良い人生を送ろうと努める父親の功績によるものです。

また、ブラッドさんの母親であるシルビア・リックさんは、魔法のように人生を変える不思議な能力の持ち主です。彼女は、夫と二人の子どもが同じ病気で体が動かせなくなっても全く悲しみませんでした。神を恨むより、自分が幸せになれる方向に視点を変えたのです。

生まれた時から体が弱かったブラッドさんが、最大限普通の人生を送ることができるよう、母親はいろいろなアイデアを生み出しました。まず、家を楽しい場所にし、ブラッドさんの友だちがたくさん遊びに来るようにしました。面白いおもちゃや、おいしいおやつを準備すると、近所の子どもたちは気軽に遊びに来て、ブラッドさんの友だちになりました。

母親は、人生を違った角度から見るための道具として、ユーモアを選びました。彼女は散らかっている部屋を見て笑い、物忘れをしても笑い、お金の問題にも笑います。

「母は、幸せに生きる方法を知っています。私の家に飾ってある写真の中の母は、いつも楽しそうに何かを作っています。体を動かすことのできない病気でさえ、母親は、人生を楽しむ一つの機会として見ていたのです。何でも、心構え次第ということです」

▼不自由な体をユーモアで乗り越えコメディアンとなった

ブラッドさんは、母親の生き方を通して、自分の態度を変えることにしました。そして、大学を卒業する頃、コメディアンになろうと決心したのです。

彼が初めて「コメディクラブに入ろうかと思う」と言った時、母親はこう答えました。

「そう！　それよ。お母さんもずっとコメディアンになりたいと思ってたの。がんばってね」

彼は最初、あまり人を笑わせることができませんでした。しかし、熱心に台本を書き、演技の練習をした結果、プロのコメディアンになりました。

彼は、笑いを「ささいなこと」から見つけ出しました。普段からよく使っている言葉、行動、服、食べ物などを見回してみると、あちこちに笑いが転がっています。ブラッドさんは、生まれつきの才能がなくても、観察し、努力さえすれば誰でもコメディアンになれると考えています。

病気に対しても同じです。彼は自分の体を「ユーモアの対象」に変えました。道で倒れて起き上がれずにいると、通りがかった子どもが「何してるの？」と笑います。そんな時、ブラッドさんはこう答えます。

「今、イモムシに変身中なんだよ」

彼は、自分の不自由な姿をじろじろ見る人に、ユーモアで対応します。そうすれば、相手もそれ以上自分を変な目で見ないことを、経験上知ったからです。彼のユーモアは、人生を見つめる新しい生き方なのです。

もし彼がユーモアを選択しなかったなら、どんな人生を送っていたでしょうか。おそらく、今よりはずっと限られた人生だったでしょう。しかし彼は、家の中で自由に動くことはもちろん、車を運転してどこにでも行き、離れた所に住む人たちとも、ステージを通して会うことができるのです。

ユーモアと笑いは、彼を人々とつなげる良い道具となったのです。障害は人を孤立させます。ブラッドさんが患っている筋ジストロフィー症は、かなりの身体的、精神的苦痛を伴います。現在、ブラッドさんの父親は七十九歳で、以前と違うところがあるとすれば、前より少し良い車いすに乗っていることくらいです。ブラッドさんの弟は、結婚して子どもができましたが、子どもは、キャッチボールができないほど病が進行しています。しかし彼らは、与えられた状況を受け入れ、その中から笑いを引き出しました。笑うか笑わないかは、彼らにとって、生きるか死ぬかと同じことです。生きるためには、笑わなければならないのです。

脳卒中に打ち勝つ最高の薬、笑い

ボストンに住むジュリア・ギャリソンさんは、一九九七年七月に、突然脳出血で倒れました。当時彼女はまだ三十七歳で、ソフトウェア会社の顧客支援課の課長でした。お昼にサラダを買いに出かけ、机に戻ってきたのですが、突然頭が割れるように痛みました。

病院に到着した時、すでに彼女の左目は内側に寄っており、左腕も麻痺していました。脳の写真を撮った結果、多量の脳出血で右脳の四十％が死んでいました。手術を担当した医師は、夫のジムさんに「今晩が峠です」と言いました。

手術後、幸い意識は戻りましたが、左半身が麻痺し、様々な症状に悩まされるようになりました。一番深刻なのは「半側空間無視」という症状です。ジュリアさんの脳は、左側にあるものを認識できなくなってしまったのです。本を読む時は左側のページが見えず、時計を見ても右半分しか見えません。時計の絵を描いてくださいと頼むと、彼女は丸を描いて、その中に一～六の数字までしか書けないのでした。「半側空間無視」の症状がひどい状態でした。

発病して最初の一年間、人々は彼女が長くは生きられないだろうと思い、葬式について話し合うほどでした。脳卒中に打ち勝つことができるのは彼女自身だけでした。

「笑いが最高の薬だと考えました。笑えば気分が良くなるのです。私は、自分の脳卒中のことで冗談も言います。自分自身をからかったりもするのです」

▼脳卒中に打ち勝つ魔法は内面に隠されている

私たちが彼女の家を訪問した時、彼女は明るい顔でチョコレートブラウニーを作っていました。片手で生地を混ぜ、フライパンを温めるなど、彼女はせわしなく動いていました。

ところが、右手が料理に熱中している間、左手は自然に上に上がって小麦粉をばらまいてしまうのです。感覚のない左手は、いつもこのように問題を起こすのでした。

しかし、彼女と家族は「それがどうしたの？」という表情です。妻が散らかした小麦粉を、夫のジムさんがさっと拭き、料理を手伝います。小麦粉を混ぜる時に器を抑えるのも夫の仕事です。

「私がんばっているでしょう？　これで家族がおいしい物を食べることができるわね」

彼女の日常生活は、このようにユーモアに満ちています。

脳卒中は普通、初めの六カ月が最も回復が早く、回復期間は長くても発病後一年までと言われます。しかし彼女は、発病から九年経った今でも絶えず回復しているのです。彼女の体は、最初に比べて七十五％も回復しました。ジュリアさんの体が回復し続けているのは、全面的に彼女の楽天的な性格のおかげだと担当医は言います。

「魔法の杖や万病に効く薬はどこにもありません。魔法は自分の内面から出てくるということを人々に見せたかったのです。私は他人の前ではもちろん、夫の前でも決して泣きませんでした。家をパーティー会場のように飾って人を招待しました。そして、冗談を言って笑ったのです」

彼女は、あらゆる葛藤から自分を守るために、「ユーモア」を選択しました。

たとえば、彼女は左足の麻痺のために家の中でよく転ぶのですが、そのたびに「家に障害物が多いのよね」と軽い冗談を言います。バランスの悪い歩き方のせいで左側の骨盤に炎症が起きるのですが、それでも彼女は右側の脳卒中で良かったと思っています。左脳を傷つけていたら、言葉に問題が出ていたからです。彼女が奇跡的に回復した原因の九十五％は、このような「肯定的な態度」と「ユーモア」であると言うことができます。

▼脳卒中の彼女が唯一自分で統制できるのは気分である

彼女が一番好きなのは運転です。神経を使うので疲れやすいのですが、人の助けを借りずに移動できる自由が彼女にはとてもうれしいのです。子どもを学校まで送ることもできます。

「私が唯一自分で統制できるのは、気分です。今朝も実は、泣きたいほど痛みがありました。右足の血管が全部飛び出てくるかと思うほど痛かったのです。その痛みは、私がどうにかできるものではありません。でも、私の気分、私の態度はコントロールが可能です。痛いからといって泣いて一日を始めたら、今日一日はどうだったでしょうか?」

彼女の家には、小さな石が入れられたかごがあります。その石にはそれぞれ、愛、信仰、喜び、笑い、夢、希望、信念という言葉が書かれています。ジュリアさんは、この言葉が自分の脳卒中を象徴していると思っています。脳卒中の発病と治療過程において、必要な言葉だったからです。

「痛みのある人には『希望』がとても重要です。希望のある人は、肯定的な態度を持つことができ、そうすると、笑えるようになるのです」

どんなに悪い状況が迫ってきても、笑いで乗り越える人は、幸せになることができます。ジュリアさんは、その真理を自らの体で証明してみせたのでした。

踊る笑い教室で笑って生きる

京都に住む夏地弥栄子さんは、一週間に一度「踊る笑い教室」を開いて、地域の人に踊りを教えています。

「足を前に伸ばして動作をもう少し大きく。楽しい気持ちで、体が動くのに任せて踊りましょう」おかしな振りがあちこちで始まりました。彼らの踊りは、舞台で見せるためではなく、自分が楽しむための踊りです。自分も笑い、人を笑わせる楽しい踊りなのです。でたらめな踊りですが、みんな体を活発に動かし、紅潮した顔には笑いがあふれています。

夏地さんが踊りに関心を持つようになったのは、二十年前に入院していた時でした。ある日、体の不自由な子どもたちが病室に来て踊ってくれました。その子どもたちの踊りを見て、彼女は久しぶりに気分が良くなったのでした。

「その時、死に対して、特に笑いながら死んでいくことに対して考えるようになったのです。年を取ると病気にかかり、弱くなって笑いも消えていきます。でも、人が年を取って病気になるのは、自然なことではありませんか。生きている間は楽しく、面白く過ごそうと決心したのです」

夏地さんは「踊り」こそ多くの人が一緒に笑うことができるツールだと考え、「踊りの笑い教室」を開きました。「踊りの笑い教室」は、ただの集まりではありません。夏地さんが追及するのは「死ぬまで踊りながら笑って生きよう」ということです。そのためには、一人よりも皆で集まって時間を過ごすことが大切です。無理に笑うだけでも精神的に違うということを知った彼女は、皆に無理にでも笑うように強調します。

夏地さん自身も慢性心不全を患っており、二日に一度は透析を受けに病院に通っています。食べ物や水分摂取に制限が多く、透析が始まれば四時間は動かずに寝ていなければなりません。自然と気分が落ち込んできますが、夏地さんはむしろ明るく笑います。看護師たちも彼女のおかげで元気が出ると言うほどです。いったい、その秘訣は何でしょうか。

▼限られた人生を楽しく生きて、笑顔で死にたい

「私は、病気になったことが感謝です。弟より先に死ねるかもしれないからです。二年前まで、私はとても健康で、いつも病気がちな弟に申し訳なく思っていました。ところが、病気になって、かえって心が楽になったのです。こうして病気になったからこそ、病気の人の気持ちを理解できるようになりました。残りの人生がどれほど貴重かを考える機会が与えられたのです」

夏地さんの肯定的な考えは、他の人にはまねできないほどです。毎年、慢性腎不全患者の三分の一が死亡しているというのに、自分はもう二年ももっているのだから感謝せずにはいられないと言うのです。また、透析を受けている四時間の間、誰にも邪魔されずに考える時間が与えられていることも感謝だと言います。

このような肯定的な考えのためか、彼女は八十歳を超えていても、六十歳くらいに見えます。

「お金があって、若く、健康できれいな時に笑うのは簡単です。つらく苦しい状況、これ以上失うものもないという状態から出てくる笑いこそ、本当の価値があると思います」

実際に笑いは、夏地さんの痛みをずいぶん和らげました。体が痛くて「今日は家で休もう」と考えても、笑い教室に来て踊ってみると、いつの間にか痛みが消えているのです。

楽しい夏地さんの日課は、鏡を見ることから始まります。「今日の気分はどう?」と自分に聞いた後「今日も生きているからそれでいいじゃない。だから不平を言わず、満足して生きましょう」と決めます。病院に行かない日は、面白いテレビ番組を見て、本も読みます。

夏地さんの座右の銘は「生きている間、一生懸命生きよう」です。踊れば楽しい心が他の人に伝わり、踊ることが本当に楽しくなります。その幸せな感情を周りの人と分かち合うことが、彼女の生きる目的でもあります。夏地さんの一番の願いは「笑いながら死を迎えること」です。限りある人生を楽しく生きて、笑顔でこの世を去りたいと言うのです。

踊りと笑いを愛する夏地さんの人生を通して出した結論は、年齢は問題ではないということです。ただしこれは、笑いながら生きていく人に限ってのことです。

笑いを選択したハーバード大学卒業生たちの運命は？

世界の多くの人が、あらゆる異なった環境で暮らしています。興味深いことは、似たような環境でも、ある人は幸せな人生を送り、ある人は不幸な人生を送っているという事実です。このような違いが起こる理由は、人によって状況に対する態度と取る行動が違うからです。この違いには「防衛機制」が隠れています。

「防衛機制」という用語は、ジークムント・フロイトのヒステリー研究で最初に使われました。防衛機制とは、自我が外部の条件によって受ける葛藤の中で、自分を守ろうとする心理的な作用です。多くの心理学者が、多様な種類の防衛機制を定義しましたが、代表的な防衛機制として抑圧、投影、同一視、分離、置き換え、昇華などを挙げることができます。

ハーバード・メディカルスクールの、ジョージ・ヴァイラント教授は、人間の防衛機制を四段階に分けています。成熟した人であればあるほど、高い水準の防衛機制を用いますが、その中で最上位にある望ましい防衛機制として「ユーモア」を挙げることができます。ユーモアは、ストレスを克服する防衛機制の中でも、一番水準の高い範疇に属します。

「ユーモア」という防衛機制が大きな価値を持っているのは、ユーモアのある人が不幸な環境を克服していることからも分かります。世界の人々に笑顔を与えたチャールズ・チャップリンやマリリン・モンローは、不幸な幼少期を送りました。しかし彼らは、ユーモアでその傷を克服しようと努力したのです。

これまでこの本に登場した人々も「貧しさ」「障害」「年齢」をユーモアで克服した例です。彼らはユーモアを通して自分の限界を乗り越え、家族や友だち、周りの人に笑いを与えながら暮らしています。自分が幸せを感じているのはもちろん、周りの人まで幸せにしています。このような成熟した防衛機制を用いる人こそ、この社会を価値あるものにするのです。

アメリカでは、一九三八年から、医師、心理学者、人類学者、生理学者が集まり、前途有望なハーバード大学卒業生二百六十八名を研究し始めました。どうすれば人が健康で幸せに生きることができるかを知るための研究です。研究者は、卒業生の軌跡をたどり、第二次世界大戦、結婚、就職、親になった時期、祖父母になった時期、引退、曾祖父母まで調べました。

ヴァイラント教授がこの研究で得た結論は「幸福は、大学の成績や授業とは無関係である」ということでした。知識や成績より、他人をどれほど愛し、また他人からも助けを受けているかということの方がより重要でした。収入が多ければ老後が幸福というわけでもありませんでした。どれほど収入が多くても、周りの人と深い交流がなければ、幸せではなかったのです。

実際、この研究対象者のうち、四十歳で年収五十万ドル（日本円で約五千万円）を得ていた男性は、自殺していました。彼は他人と心を交わすことができず、まるで機械に対するように冷たい態度で人々に接していたのです。寂しさとむなしさで、結局自殺を選んだのでした。

ヴァイラント教授は、卒業生のうち「最も成功した人」であるかどうかは、「誰が一番成熟した人か？」また「誰が一番多く愛を受けたか？」を見れば分かると言います。なぜなら、最も成功した人は成熟した防衛機制を用い、結果的に家族と周囲の人から多くの愛を受けるからです。卒業生の中で最も成功した人生を歩んだ人は、家庭と職場でユーモアを発揮し、笑いを失わない人でした。

「成功する人生」とはどのようなものでしょうか。まず、仕事において成功し、他人と愛の関係を結び、人生を楽しまなければなりません。韓国で成功する人の多くは、真面目で権威的な傾向があります。大多数の人は、仕事で成功するために笑いはしばらく（結局は一生）控えようと考えます。しかし、笑いを抑圧したまま暮らしていると、笑い方を忘れてしまうかもしれません。年を重ねていく間、温かい心の声に耳を傾け、胸の中の思いを人生と調和させていくことが大切です。

幸せだから笑うのではなく、笑うから幸せなのだ

人は誰でも幸せになりたいと思っています。しかし、誰でも幸せになれるわけではありません。その理由は、幸せという感情が主観的なものだからです。人の頭の中の幸福知数を測る機械は、世界のどこにもありません。どれだけ幸せであるかは、本人だけが分かることです。

それならば、何が私たちを幸せにするのでしょうか。多くの人は「お金」を幸せの最初の条件として考えますが、心理学者の研究によると、必ずしもそうとは言えません。二〇〇五年十二月にタイム誌が実施した質問によると、所得が低い状態から始まると、最初は所得が増えるたびに個人の幸福知数も上がりました。しかし、一定の所得水準以上になると、高い所得が幸福知数にそれほど影響を与えないという結果が出たのです。

貧しい国に住む人の幸福知数が、思っているよりずっと高いというのも同じです。イギリスの経済学者リチャード・レイアード博士の研究によると、国民所得が高いスイスやオランダ、アメリカの国民だけでなく、世界で国民所得が低い国に属するコロンビアやプエルトリコの国民の幸福知数もかなり高いという結果が出ました。反面、日本や韓国など東アジアの国民は、国民総生産が相対的に高いにもかかわらず、幸福知数は下位に記録されています。このような現象について、アメリカの心理学者であるイリノイ大学のエド・ディーナー教授はこのように指摘しました。

「東アジアの人々は、一番幸福な時を、自分の一番不幸な時と比較する傾向があります」

貧しくても、活気にあふれた魂を持つ南アメリカの人々は、状況を肯定的に見る社会的情緒によ

って、幸福感をより多く感じます。しかし、東アジアの人々には、そのような肯定的な考えが足りないということです。

多くの心理学者が共通して選ぶ幸福の条件は「他人との交流とその関係から得る成就感、奉仕活動や瞑想から得る心の平穏さ」などです。

アメリカのマーティン・セリグマン教授の研究では、特に幸福知数上位十％に入る人は、友人や家族と多くの時間を過ごしているということが分かりました。イリノイ大学のエド・ディーナー教授もやはり「人生で幸福を感じる人は、質の高い人間関係を維持していた」と言っています。

良い人間関係を維持することが人生の満足度を高め、私たちを幸せにするなら、おそらく笑いは幸福を呼び寄せる良い媒介となるでしょう。なぜなら笑いは、他人に好感を与え、他人とのコミュニケーションを円滑にするからです。笑いは人間関係の緊張感を解き、肯定的な雰囲気を作り出します。笑いによって幸福になることができるなら、私たちは普段どのように笑ったらよいのか、研究する必要があります。

人間の幸福について数十年間研究してきたアメリカカリフォルニア州立大のソーニャ・リューボミルスキー教授は、幸福を体重の減量と比較しました。体重を減らそうとすれば、二日に一度は運動をしなければならないように、幸せを手に入れるためには、持続的な努力が必要であるというのです。目に見えない感情も、努力すれば変えることができると言っています。

ここで、前に紹介した「表情フィードバック仮説」を思い出してみましょう。

表情フィードバック仮説によると、笑うと顔の筋肉が動き、脳は動いた顔の筋肉に該当する感情、つまり良い気分を感じます。少なくとも、一時的には笑いのおかげで幸せな気分を味わうことができます。この気分を持続させるためには、体重を減らすために運動をするように、毎日笑う努力をする必要があります。

アメリカの心理学者、ウィリアム・ジェームズは、人間を「習慣の積み重ねで成り立っている存在」だと言いました。彼が言っているように、私たちが笑うために努力するなら「幸せだから笑うのでなく、笑うから幸せになるのです」。笑った分だけ幸せになれるということです。

今日の私たちは、あまりにも簡単に不平を言います。

「お金がない」

「私には才能がない」

「家庭環境が良くない」

しかし、自分が持っているものをまず考えてみましょう。ある人はお金がない代わりに、何でもできる丈夫な体を持っており、ある人は勉強ができない代わりに、他人を笑わせる才能を持っています。ある人は障害がある代わりにずば抜けた頭脳と独創性を持っており、またある人は背が低い代わりにきれいな声を持っています。実際、誰一人として苦しみのない人生を送っている人はいません。自分が持っていないものは忘れ、自分が持っているものを誠実に用いていく人だけが笑うことができ、幸せになれるというのは言い過ぎでしょうか。

物質的に豊かなこの世にあって、自分がだんだんみじめに思えているなら、もしかすると、あなたは自分で自分をみじめにしていないか、「笑顔」を浮かべて省みてみましょう。あなたは思い切り笑う資格があるすてきな人です。少なくとも、あなた自身はそのように考えましょう。なぜなら、幸福とは主観的なものだからです。

○幸福知数と経済力との関係

二〇〇六年七月、イギリスの民間シンクタンク「New Economics Foundation」は、世界百七十八カ国を対象に地球幸福度指数を計算した研究結果を発表しました。

その結果に誰もが驚きました。幸福指数が一番高い国は、オセアニア群島の小さな島国バヌアツでした。バヌアツの国内総生産は、全世界二百三十三カ国の中で二百七位に過ぎません。二位はコロンビア、三位はコスタリカで、イタリアが六十六位、ドイツ八十一位、日本九十五位、韓国は百二位、イギリス百八位、アメリカ百五十位でした。

このような調査結果は、人生に対する満足度は経済力と大きな関係はないということを表しています。人生を幸せにする魔法の技術は、どこか遠くにあるのではありません。自分の中に眠っている笑いを呼び起こしましょう。笑うと生き返り、笑うと成功し、笑うと幸せになります。

○特別付録…笑いのトレーニング

笑いは態度の問題だ

どれほど難しい状況にあっても、あるいはいくら単調な生活を送っていても、その中で笑いを失わない態度が最も重要です。

私たちは、死の直前にも笑うことができます。人生の終わりが近いとき、その恐怖に打ち勝つためのユーモアを、フロイトは、「死刑台のユーモア」と呼びました。一部の人々はひどい災害やけがをしたとき、それに打ち勝つために死刑台のユーモアを用いるといいます。笑いは恐怖に打ち勝つ優れたツールとなるからです。

ウィンストン・チャーチルは、「笑わないのは、百万ドルを銀行に預けて、そのお金を全く使わないのと同じだ」と語りました。

ある人は「十五秒笑えば二日長生きする」と言います。この言葉が事実であれば、笑い、笑わせるたびに、お互いが二日長生きすることになります。これよりも大きなプレゼントはありません。自分と周りの人に笑いの贈り物をするために、これから笑いのトレーニングをしてみましょう。

一　権威意識を投げ捨てよう

ソウル大学病院家庭医学科の医師や看護師は、毎週木曜日、会議が終了すると、笑いの会を開きます。声を出して笑い、簡単なゲームをして笑います。インターンはもちろん年配の専門医まで例外はありません。楽しい音楽に合わせて立ち上がり、踊ったり、互いにくすぐったり鼻をつまんだりします。

幼い子どものように無邪気に笑って一日を始めると、医療スタッフ全員がストレスを受けにくくなり、笑いながら患者に接するようになるのです。

二　自分の顔に責任を持とう

「四十歳になったら、自分の顔に責任を持ちなさい」という言葉があります。自分の顔は自分だけのものではなく、見る人たちのためのものでもあるのです。まず鏡をよく見てみましょう。鏡の中の自分の顔が、今どのような表情をしているのかを見て、口角を上げて微笑みを浮かべてみましょう。よく笑うと楽しい表情筋が作られます。表情筋は使う方向に発達するのです。

三　仕事を楽しもう

社会生活をする人たちの中で、自分がしたい仕事をしてお金を得ている人は極めてまれです。大部分の人は生計を立てるためにしたくない仕事をしています。どうせするなら楽しみましょう。仕事を楽しむのは心がけ次第です。

会社や顧客があなたのために何かをしてくれることもありますが、あなた自身が自分のためにできることを見つける必要があります。そのためには、自分自身を楽しみに追い込むほど創造的な人にならなければなりません。創造的な人になるためには想像力と肯定的な考え、そして経験が必要です。チームワークが良ければ楽しみの相乗効果を得ることもできます。ガソリンスタンドでアルバイトをしようが、道路掃除をしようが、この世界のすべてのことには楽しむ価値があるのです。

四　笑いの道具を作ろう

私たちは自分自身に強いてでも、笑う能力を身につけなければなりません。自分に向かって笑い、悲劇を喜劇に変えることができれば、それこそ自分への最高の贈り物です。自分が笑うためのツールを作成すると、笑うことがはるかにたやすくなるでしょう。

○笑いのライン

家の中にテープを貼り、「笑いのライン」と名づけます。リビングやトイレの前など、よく通るところに貼っておき、この笑いのラインを越えるたびに、必ず笑わなければならないというルールを設けるのです。それによって、どんなに怒っていても、笑いを失わずにいることができます。

○笑いをはかるビン

小さく切った紙を数十枚用意し、それぞれ面白いユーモアを書きます。この紙をくるくる巻いてガラスびんの中に入れておき、気分が憂鬱な時一つずつ取り出して読むのです。まるで甘いお菓子を取り出して食べるように気分が良くなるでしょう。

○笑いハンマー

おもちゃのピコピコハンマーで家族の誰かを軽く一回たたきます。たたかれた人は、とにかく笑わなければなりません。

○笑いの救急箱

家庭には救急箱があって、その中の絆創膏や包帯、軟膏などは、突然けがをした時に大きな効果を発揮します。同じように、笑いの救急箱を作ってみましょう。笑いの救急箱には、面白いマンガ本や、好きな風景、人物の写真、うれしかったプレゼントなどを入れておきます。憂鬱な時や腹を立てている時、笑いの救急箱をのぞくと笑いやすくなります。

○笑い声の録音テープ

家族の笑い声を録音しておいて、悲しくなった時に聞くと効果的です。家族の幸せな笑い声ほど、人の心を幸せにするものはありません。

五　成熟した心が笑いを生む

成熟した人は、あらゆる状況で笑いという防衛メカニズムを使用しています。成熟した人になるには、自分をありのまま眺めるという態度が必要です。自分を正確に知ることで、足りない部分があっても心に余裕が生じます。なぜなら、足りない部分は、自分の力ではどうしようもないことをよく知っているからです。

成熟した人になるためには、他人の生活を尊重する余裕も必要です。例えば、韓国の壮年層は、破れたジーンズや髪の長い人、女性の露出に厳しい基準を掲げます。自分の基準を他人に押しつけると、そこに摩擦が起きます。しかし、違法でないなら、他人の好みにまで干渉する必要はありません。他人の生活に自分の物差しで口を出していないでしょうか。真のユーモアは、他人を見下すことなく愉快な笑いをプレゼントします。他の人の外見や欠点を皮肉って笑いを取るべきではありません。自分のろうそくを明るくするために、他の人のろうそくを消す必要はないのです。

六　年齢の境界を崩して遊ぼう

韓国では、遊びにお酒は欠かせません。しかし世の中には、飲んで遊ぶよりもはるかに楽しい遊びがあふれています。日本には、誰が一番笑うかを対決する「笑い試験大会」があり、英国では、主婦がフライパンを持って競争します。こっけいなように見えるこのようなイベントが、皆を楽しませてくれることは間違いありません。

日本のヨン様ブームにより、韓国を訪れる日本の女性観光客が増えています。「年をとって本当に無分別ね」と考える人もいるようですが、こう考えてみてはどうでしょう。

「あのように生きたら、とても面白そうだなぁ！」

年齢や体面を気にすると、その人は孤独に部屋にこもっているしかありません。六十歳でベリーダンスを始めても、英語の勉強を始めても一つもおかしくはないのです。大人が地下鉄でコミックを見たり、中年のサラリーマンが日曜日ごとに大学路でブレイクダンスを踊っても、やはり不思議なことではありません。それが「面白く」「意欲的に」生活できる方法ならば、ただやってみましょう。楽しみは、私たちの生活に意欲を吹き込む優れたツールなのですから。

人が年齢とともに学ばなければならないこと、それは笑いを維持したまま年を取る方法です。

七　たまには子どもになろう

子どもたちは本当にささいなことでよく笑います。柱の陰に隠れてちょっと顔を出しただけでも笑い、蝶が窓にぶつかったといっては大爆笑します。

「前にも見たじゃない。もううんざり！」

このような思いこそ、あなたの笑いを妨げる考えです。自分はすべて知っているとかたくなにならず、すべてが初めてであるかのように見つめる子どもの目が必要です。不思議と驚きは人を笑わせるのです。

八　温かいスキンシップが人を笑わせる

私たちは、人に会えば頭を下げて挨拶をします。礼儀正しい姿は大切ですが、時にはスキンシップの挨拶をしてみましょう。手をつないだりハグをした時に感じられる温かさは、人を快適にします。心がリラックスすると、顔に自然と笑顔が浮かびます。

九　「絶対」しなかったことをしよう

「私はそんなことは絶対しない」

すべてのことに頑固な人々がいます。食べたことのない食べ物は絶対に食べず、自分と合わないと判断した人には近づきません。しかし、時には意外性の楽しさを感じてみましょう。

一度も乗ったことのない路線バスに乗り、絶対に見ないテレビ番組を見、一度も食べたことのない食べ物を食べてみるのです。絶対に先に連絡しないというルールを破って、古い知人にこちらから電話をかけてもいいでしょう。

意外性は楽しみを連れてきてくれます。「私にもこんな一面があったのか」という発見と、内面からじわじわと笑いがこみ上げてきて、自分が知らなかった世界が、実はとても楽しいという事実を知るのです。

十　感謝の心が笑いを起こす

あなたの両親、兄弟、親友、親しいバスの運転手、地下鉄の涼しい冷房、おいしいランチ、午後の楽しいティータイム、澄んだ空とすがすがしい空気……。世界には感謝することが満ちています。ただそれを忘れているだけなのです。感謝日記をつけてみましょう。努力せずに与えられているものは実に多いものです。小さなことにも感謝を心がけ、またその感謝を記憶しようと努力するなら、肯定的な感情が広がり、よりたやすく幸福感を覚えることができます。

十一　笑いの会を作ろう

笑いは伝染します。何人かが乗ったエレベーターで誰かが気分よく笑みを浮かべていれば、他の人々もつられて笑みを浮かべるようになるでしょう。幼い子どもたちが集められた教室で、一人の子どもが笑い出すと、他の子どもたちもつられて笑います。笑いはこんなにも簡単に次の笑いを誘発させるのです。ですから一人で笑おうと力を振り絞るのではなく、気軽に笑う会を作ってみましょう。知人同士、定期的に集まって、「笑い」をテーマに話をするのです。集まっても他人のゴシップや気力ばかり消耗させる集まりより、はるかに一人一人の生活の中に肯定的な影響を与えるでしょう。なぜなら、少なくともその会で一度以上は笑うのですから。

十二　笑いを創造する空間を確保しよう

アメリカの経済学者アラン・グリーンスパンは毎日午前五時半に浴槽に入って考えにふけります。

彼はこの時間を「エウレカ・モーメント」と呼んでいます。「エウレカ」はアルキメデスが風呂場で浮力の原理を悟って叫んだ言葉です。アラン・グリーンスパン議長は、浴槽に入っている間、新陳代謝が活発になり、脳が冴えて、創造性が増し加わると語っています。

家の前の公園のベンチ、好きな山、きれいなレストラン、快適なソファなど、自分だけの思索と笑いを生み出すことができる空間を作ってみましょう。快適な心からは深みのある思索がわき、胸が温かくなるでしょう。

十三　憂鬱な時は、環境を変えてみよう

アメリカのカリフォルニア州立大学バークレー校の心理学者ロバート・レベンソン教授は、感情を変えるためには環境から変えなさいと提案しています。例えば風変わりなインテリアにしたり、カーテンを変えるなどです。家中に届くようにエキサイティングな音楽を流しておくのも良い方法です。感情を考えだけで変えるには限界があります。沈んだ気持ちを愉快な感情に変えたいなら、周囲の環境を変えてみましょう。

十四　時間を決めて笑おう

これは、「作り笑い」が必要な初心者に必要なアドバイスです。私たちが病気にかかって薬を処方されたなら、一日に三回程度はその薬を飲まなければ効果がありません。笑いも同じです。効果

を期待するなら、笑う努力をしなければなりません。笑いはお金もかからず、医師の処方箋も必要なく、副作用もありません。どうせなら、朝に目を覚ましたらすぐに笑いましょう。植物には午前中の日差しが強壮剤であるように、午前中の笑いは私たちの一日に大きな力を与えます。

十五　笑いたい時に笑い、泣きたいときは泣こう

大人になると、ほとんどの人は堅い枠に自分を押し込め、感情を表すことを許しません。しかし、笑いと涙は自然な生理現象です。他人の視線を恐れ、感情を抑えるのはやめましょう。感情の抑圧は、精神的な健康ばかりでなく、体の健康にも重大な影響を与えます。私たちは子どもの頃と同じように、感情に正直になる必要があるのです。

十六　面白いテレビ番組を一つぐらいは見よう

たくさんのテレビ番組の中で、一つくらいは「笑いの番組」を観てみましょう。テレビをバカの箱と呼ぶ人も多いようですが、時には頭をからっぽにしてばかになることも必要です。たまには家の大掃除をしなければすっきりした気分にならないように、私たちの頭の中も、笑いによって掃除をしてあげましょう。

奇跡の「笑い力」
健康・成功・幸せに効くその理由

2017年 4月 20日　初版発行

著　者　チャン・ギョンス、イ・ドンギュ
訳　者　吉田英里子
発　行　小牧者出版
〒300-3253　茨城県つくば市大曽根3793-2
TEL: 029-864-8031
FAX: 029-864-8032
http://saiwainahito.com

乱丁、落丁はお取り替えいたします。
　ISBN978-4-904308-19-6 C0011